AF566162

Europäisches Halal Zertifizierungsinstitut
www.eurohalal.eu

PLURAL Publications GmbH
Colonia-Allee 3 | D-51067 Köln
T +49 221 942240-260 | F +49 221 942240-201
www.pluralverlag.eu | info@pluralverlag.eu

2. erweiterte, aktualisierte Auflage, Köln, Juni 2023

Autorin
Dilara Sultan Faslak

Design | Satz | Druck
PLURAL Publications GmbH

ISBN: 978-3-947179-57-2

Halal Lexikon

Das Nachschlagewerk rund um Halal-Ernährung

Dilara Sultan Faslak

PLURAL
Köln 2023

Inhaltsverzeichnis

Vorwort

„Tierisches Lab". Das las ich in 2011 auf einer Schmelzkäse-Verpackung. Das war für mich der Auslöser, mich intensiver mit Halal-Ernährung zu beschäftigen. Während meiner Recherche wurde mir schnell klar, wie wenig Literatur bisher zu diesem komplexen Thema vorliegt. Das vorliegende Buch wurde deshalb mit der Absicht verfasst, muslimischen Verbrauchern im deutschsprachigen Raum durch überschaubare und vor allem praxisbezogene Informationen die Einhaltung religiöser Speisevorschriften zu erleichtern. Der Schwerpunkt liegt dabei auf tierischen und alkoholischen Inhaltsstoffen. An passender Stelle wird außerdem auf gesundheitliche Aspekte eingegangen. Alle Angaben beruhen auf Recherchen und Angaben verschiedener Hersteller, die im Rahmen der Arbeit an diesem Buch angeschrieben wurden.

Bereits ein kurzer Blick in die Literatur zeigt, dass sich muslimische Gelehrte in Bezug auf eine eindeutige Klassifizierung der meisten Inhalts- und Hilfsstoffe uneinig sind. Insbesondere die intransparenten Herstellungs- und Gewinnungsmethoden immer neuer Zusatzstoffe und ungeklärte Fragen in Bezug auf deren chemische Veränderung tragen zu diesem unbefriedigenden Zustand bei. Selbstverständlich spielen in diesem Kontext auch die verschiedenen Interpretationen der Koranverse und Hadithe eine große Rolle.

Wie kann ein muslimischer Verbraucher angesichts der Vielzahl unterschiedlicher Gelehrtenmeinungen den Überblick behalten? Grundsätzlich ist es wichtig, die Meinungsvielfalt zu respektieren und zu versuchen, die jeweilige Begründung für ein bestimmtes Rechtsurteil (Fatwa) nachzuvollziehen. Diese bieten eine Orientierungshilfe. Sie enthalten die grundlegenden, für jeden Muslim geltenden Verpflichtungen. Damit sind Fatwas sozusagen die erste Sprosse einer Leiter. Die Gottesfurcht (Takwâ), die den Menschen von verbotenen Handlungen abhält, ihn auch vor Zweifelhaftem bewahrt und dazu anspornt, noch mehr zu tun, wäre in diesem Bild die nächste Sprosse. Wer sich bereit und in der Lage fühlt, diese Stufe zu betreten, erhält dafür größeren Lohn bei Allah. Takwâ zu erlangen ist wünschenswert, das absolute Mindestmaß bilden aber die in den Fatwas enthaltenen praktischen Handlungsvorgaben.

Aischa bint Abî Bakr (r), die Ehefrau des Propheten berichtet: „Wann auch immer der Prophet die Wahl zwischen zwei Entscheidungen hatte, wählte er die leichtere von beiden."[1] Er gab dem leichteren Weg jedoch nur dann den Vorzug, wenn dieser nicht zu verbotenen Handlungen und Sünden führte. War dies der Fall, hielt sich der Prophet von diesem Weg fern.[2] Eine besonders strenge Meinung muss also nicht immer die frommere, religiösere oder aufrichtigere sein. Im Gegenteil kann unnötige Härte, vor allem dann, wenn auch ein leichterer Weg eingeschlagen werden könnte, schnell zur Übertreibung führen. So heißt es im Koran: *„Allah will für euch Erleichterung; er will für euch nicht Erschwernis [...]."*[3] Auch der Prophet warnte seine Gefährten: *„Seid*

---

1 Buhârî, Kitâb al-Hudûd, Nr. 6786; Muslim, Kitâb al-Fadâil, Nr. 2327

2 Buhârî, Manâkib, 23; Muslim, Fadâil, 77

3 Sure Bakara, 2:185

nicht streng mit euch, auf dass Gott nicht streng mit euch sei. Ein Volk war streng mit sich und daraufhin war Gott streng mit ihm.“[4]

Ein weiterer wichtiger Punkt ist, dass wir bei der Auswahl unserer Lebensmittel nicht nur darauf achten, dass diese „halal“ (erlaubt), sondern auch „tayyib“ (rein) sind. Der Prophet sagte nämlich: „*Allah ist rein und akzeptiert nur das Reine.*“[5] Und im Koran heißt es: „*Er sagt: ‚O ihr Gesandten, esst von den reinen Dingen und tut Gutes. Wahrlich, ich weiß recht wohl, was ihr tut.*‘“[6]

Viele Menschen haben zum Gelingen dieses Buches beigetragen. Mein besonderer Dank gilt Dr. Salih Şengezer, Irem Kurt, Dr. Hadi Ensar Ceylan, Dr. Hakkı Arslan und Dr. Cemil Şahinöz, die diese Arbeit mit ihrem Fachwissen stets bereichert haben und nicht zuletzt meiner Familie, die mich während der letzten Jahre aktiv unterstützt und entlastet hat.

Dilara Sultan Faslak
Halver, Mai 2023

---

4 Abû Dâwûd, Adab, Nr. 4904

5 Muslim, Zakat, 65

6 Sure Mu‘minûn, 23:51

Einleitung

Was bedeutet „halal"?

Das arabische Wort „halal" (türk. „helal") bedeutet „erlaubt" bzw. „zulässig". Sein Gegenteil ist „haram", „verboten". Halal und haram sind Begriffe des islamischen Rechts. Sie beziehen sich nicht nur auf die Ernährung, sondern alle Bereiche des menschlichen Lebens.[7] Das dieser Einteilung zugrundeliegende Prinzip ist die Hinführung des Menschen zum Guten und die Vermeidung des Schlechten.

Muslime dürfen alles, was halal und tayyib, also rein, gut und gesundheitlich unbedenklich ist, zu sich nehmen. Tayyib umfasst z. B. in Bezug auf Fleisch nicht nur die islamkonforme Schlachtung, sondern auch die artgerechte Haltung von Tieren.[8] Nur in lebensbedrohlichen Situationen ist es erlaubt, unreine (arab. „nadschîs") und als verboten (haram) geltende Nahrungsmittel in geringer Menge zu sich zu nehmen.[9]

Welche Nahrungsmittel als halal bzw. als haram gelten, wird durch den Koran und die Sunna, d. h. die Taten und Aussprüche des Propheten Muhammad (s), bestimmt.

---

7 vgl. Özoğuz, 2011, S. 10

8 vgl. Özer, 2013

9 Sure Bakara, 2:173

Folgende Tierarten bzw. Stoffe sind dem Koran zufolge nicht zum Verzehr erlaubt:

◇ Schweine

◇ verendete Tiere

◇ Tiere, deren Verzehr grundsätzlich erlaubt ist, bei deren Schlachtung aber ein anderer Name außer Allahs aufgerufen worden ist

◇ fließendes Blut

◇ alle berauschenden Stoffe

In einigen Überlieferungen werden weitere Tierarten unter den verbotenen Speisen erwähnt. Da diese jedoch aufgrund der Heranziehung von verschiedenen Erkenntnisquellen und der Interpretationsunterschiede zwischen den Rechtsschulen unterschiedlich bewertet werden, wurden sie hier nicht aufgezählt. Jedoch werden die verschiedenen Positionen der sunnitischen Rechtsschulen in den jeweiligen Kapiteln näher erläutert. Diese Verbote gehen u. a. aus folgenden Versen hervor: *„Verboten hat er euch nur (den Verzehr von) natürlich Verendetem, Blut, Schweinefleisch und dem, worüber etwas anderes als Allah angerufen worden ist. Wenn aber jemand (dazu) gezwungen ist, ohne (es) zu begehren und ohne das Maß zu überschreiten, so trifft ihn keine Schuld; wahrlich, Allah ist Allverzeihend, Barmherzig."*[10] *„O die ihr glaubt, Berauschendes, Glücksspiel, Opfersteine und Lospfeile sind nur ein Gräuel vom Werk des Satans. So meidet ihn, auf dass es euch wohlergehen möge."*[11]

---

10 Sure Bakara, 2:173

11 Sure Mâida, 5:90

Es ist nicht gestattet, erlaubte Dinge für verboten zu erklären (oder umgekehrt): *„Und sagt nicht aufgrund der Falschheit eurer Zungen: ‚Das ist erlaubt, und das ist verboten', sodass ihr eine Lüge gegen Allah erdichtet. Wahrlich, diejenigen, die eine Lüge gegen Allah erdichten, haben keinen Erfolg."*[12]

Sowohl Tiere als auch bestimmte Pflanzenarten nehmen nur die Art von Nahrung zu sich, die für sie geeignet ist. So ist auch der Mensch dazu aufgefordert, die Gebote seines Schöpfers zu befolgen und sich entsprechend zu ernähren. Der Grund für diese Verbote liegt in der göttlichen Weisheit. Jedes Geschöpf hat einen Sinn und eine Aufgabe. So wurden einige Tiere dazu erschaffen, verzehrt zu werden, andere aber nicht.

Auch wird im Koran auf die enge Verbindung zwischen der Ernährung und Rechtschaffenheit hingewiesen: *„O ihr Gesandten, esset von den reinen Dingen und tut Gutes. Wahrlich, ich weiß recht wohl, was ihr tut."*[13] Koranexegeten weisen hier ausdrücklich darauf hin, dass gute Taten auf der halal- und tayyib-Ernährung aufbauen und in diesem Kontext eine wichtige Rolle spielen.

Weiterhin werden in zahlreichen Überlieferungen des Propheten Muhammad (s) die Wichtigkeit der reinen Speise betont: *„Stellt euch einen Mann vor, der eine lange Reise macht. Seine Kleidung ist beschmutzt, er ist voller Dreck. In solch einem Zustand erhebt er seine Hand und betet ‚O Allah, o Allah'. Doch was er isst, trinkt und an Kleidung trägt ist haram. Er hat sich immer von Verbotenem ernährt. Kann das Bittgebet einer solchen Person*

---

12 Sure Nahl, 16:116

13 Sure Mu'minûn, 23:51

angenommen werden?“[14] *„Es wird eine Ära geben, in der der Mensch keinerlei Belang dafür zeigen wird, ob das Gekaufte halal oder haram ist“*, heißt es in einer Überlieferung des Propheten.[15] Basierend auf diversen Koranversen und Hadithen stufen muslimische Gelehrte die Nachfrage nach halalkonformer Speise als „Farz al-ayn“ ein, sprich jeder Muslim muss dieser Pflicht persönlich nachkommen.[16]

Da zugegebenermaßen die gegenwärtige Lebensmittelbranche sehr komplex und intransparent ist und sich das Konsumverhalten der Menschen stark verändert hat, lässt sich eine umfangreichere Recherche meist nicht vermeiden. Jedoch sollten diese Verhältnisse niemals abschreckend wirken. Muslimische Verbraucher sollten stets das Leben des Propheten vor Augen halten, denn durch seine vorbildliche, minimalistische und ausgeglichene Ernährung können auch sie eine bewusste Lebensform anstreben, um ihren Körper nicht mit zahllosen Fertigprodukten und Fleischwaren von möglicherweise misshandelten Tieren zu belasten. So sagte der Prophet: *„Wer halal isst, sich gemäß der Sunna verhält und niemandem etwas Schlechtes tut, der kommt ins Paradies.“*[17]

Aus diesen Versen und Überlieferungen ergibt sich die Wichtigkeit islamkonformer Ernährung. Dieses Buch soll Muslimen dabei helfen, diese Ernährungsregeln einzuhalten.

---

14 Muslim, Zakat, Nr. 65

15 Buhârî, Buyû, Nr. 7

16 Schirbinî, al-Ikna, II, 576

17 Tirmizî, Sifât al-Kiyâma, Nr. 2640

Der Halal-Markt in Deutschland

Seit Beginn der 1980er Jahre verzeichnet die Halal-Sparte in der Lebensmittelindustrie ein bemerkenswertes Wachstum. Branchengrößen wie Unilever oder Nestlé erzielen mit dem Vertrieb von halalzertifizierten Produkten jährlich Milliardengewinne. Damit ist das Halal-Segment teilweise inzwischen bereits vitaler als der Markt für Bioprodukte. Derzeit existieren weltweit rund 400 verschiedene Institutionen, die Halal-Zertifikate ausgeben. Sie sind in muslimische Organisationen, Moscheen oder private Unternehmen integriert. Leider gibt es bislang kein einheitliches Zertifizierungssystem oder ein geschütztes Siegel.[18]

Mit der RAL Gütegemeinschaft Halal-Lebensmittel e. V. hatte sich jedoch zumindest in Deutschland ein Dachverband formiert, zu dessen Gründungsmitgliedern die großen islamischen Gemeinschaften und Halal-Zertifizierungsstellen gehörten. Ziele des Vereins waren die Vereinheitlichung des Zertifizierungsprozesses durch Festlegung standardisierter Prüfkriterien und die Einführung eines geschützten Halal-Siegels. Der Verein hat seine Arbeiten mittlerweile jedoch eingestellt.

Während in einigen Ländern wie Malaysia (JAKIM), Indonesien (MUI) oder die Türkei (HAK) die Akkreditierung von Halal-Zertifizierungsstellen staatlich geregelt ist, gibt es in Europa eine unübersichtliche Zahl privater Anbieter, zum Teil auch unter nichtmuslimer Leitung. Dies hat zur Folge, dass sich die Prüfkriterien der jeweiligen Zertifizierer vor allem bei der Berücksichtigung möglicher Interpretationsunterschiede der Gelehrten in Bezug auf Detailaspekte der islamkonformen Ernährung unterscheiden.

18 IHK Hannover, 2010

Aufgrund des fehlenden Patentschutzes kann jeder Hersteller ein Halal-Siegel auf das von ihm angebotene Produkt anbringen, ohne die notwendigen Richtlinien einhalten zu müssen. Verständlicherweise wächst unter muslimischen Konsumenten deshalb das Bedürfnis nach einem einheitlichen und geschützten Halal-Siegel.[19]

Bei der Gestaltung ihrer jeweiligen Halal-Siegel setzen die Hersteller in Deutschland auf eine möglichst „islamische“ Optik: Halbmond, Moscheeabbildungen, arabisch anmutende Schriftzüge, grüne Farbe usw. Unklar bleibt, welche islamische Autorität die Prüfkriterien ausgearbeitet hat, den Zertifizierungsprozess überwacht und die erforderlichen regelmäßigen Auditierungen durchführt. Die Erfahrung zeigt, dass es sich bei diesen Siegeln in nahezu allen Fällen um Eigenkreationen handelt, die von keiner islamischen Organisation autorisiert wurden. Wo „halal“ draufsteht, ist also längst nicht immer „halal“ drin.

Rund 400 Hersteller bieten aktuell Halal-Produkte auf dem deutschen Markt an.[20] Dem stehen folgende muslimische Zertifizierungsstellen gegenüber, welche über verschiedene Systeme akkreditiert sind:

- Europäisches Halal Zertifizierungsinstitut (EHZ)
- Halal Certification Germany (HCG)
- m-haditec
- Islamisches Zentrum Aachen
- Halal Control
- Halal Quality Control (HQC)

19 Wilms, Khan, Özkan, 2014

20 Basalla, k. A.

◊ Halal Certification Services (HCS)

◊ Engineering Consulting Trading (ECT)

Ob und welche staatlichen Akkreditierungen ein Halal-Zertifizierer besitzt, kann man auf den jeweiligen Webseiten der Zertifizierer nachprüfen.

Rechtsschulen

Ein Grund für die Vielfalt der Zertifizierer ist die Tatsache, dass die muslimische Gemeinschaft sehr heterogen ist. Muslime in Deutschland stammen aus verschiedenen Ländern, in denen es unterschiedliche Normen und Traditionen gibt, und folgen anderen Rechtschulen, die wiederum mehrere Meinungen zulassen.

Im sunnitischen Islam gibt es vier verschiedene Rechtsschulen (arab. „Mazhab“, türk. „mezhep“; „der Weg“, „die Lehre“). Sie entstanden in den ersten beiden Jahrhunderten nach dem Tod des Propheten Muhammad (s). Die Rechtsschulen erkennen sich gegenseitig an, auch wenn es Unterschiede zwischen ihnen gibt.

Die hanfitische, schafiitische, hanbalitische und malikitische Rechtsschule beschäftigen sich mit Fragen der religiösen Praxis. Die jeweiligen Unterschiede sind auf die verschiedenen Auslegungen der islamischen Quelltexte (Koran und Sunna) durch die Imame und ihre Schüler zurückzuführen.

Diese Interpretationsunterschiede ergeben sich daraus, dass die Überlieferungen der Gefährten abgesehen von der bloßen Wiedergabe des Ereignisses keine Angaben zu ihrer Deutung enthalten. So wird beispielsweise in einem Hadith berichtet, dass sich während des Gebets ein Kieselstein in die Stirn des Propheten (s) bohrte und ihn verletzte. Seine Frau Aischa (r) entfernte den Stein von seiner Stirn, der Prophet vollzog nochmals die rituelle Waschung und betete weiter.

Imam Abû Hanîfa begründete die Erneuerung der rituellen Waschung damit, dass die verletzte Stelle geblutet habe. Nach Imam Schafiî wird sie jedoch aufgrund der Berührung des Mannes durch eine Frau notwendig. Beide Auslegungen lassen sich auf der Grundlage des Textes begründen. Auch in Bezug auf die Auslegung der Ernährungsvorschriften gibt es Unterschiede zwischen den Rechtsschulen. So wird z. B. Branntweinessig aufgrund des Weines als Ausgangsstoff unterschiedlich bewertet.

Zwei Grundbegriffe: Istihâla und Istihlâk

Istihâla

Ein wichtiges Prinzip der Tahâra (Reinheit) besagt, dass ein unreiner Ausgangsstoff in eine reine Substanz umgewandelt werden kann. Diese vollständige Umwandlung durch einen physikalischen oder chemischen Prozess nennt man Istihâla. Sie kann auf natürliche Weise ablaufen oder von Menschen induziert werden. Die Istihâla hat direkte Auswirkungen auf die Klassifizierung von Lebensmitteln. Deshalb ist es erforderlich, das Prinzip näher zu erläutern.

Ein Grundproblem ist, dass noch nicht bei allen Stoffen geklärt ist, ob eine vollständige Zustandsänderung stattgefunden hat oder nicht. Zudem sind sich die Gelehrten nicht einig, ob eine unreine Substanz überhaupt den Grundstoff eines Lebensmittels bilden darf.[21] Die Mehrheit der Gelehrten, die hanafitische (Abû Hanîfa und Imam Muhammad) und die malikitische Rechtsschule halten dies für zulässig. Dabei berufen sie sich die Essigherstellung, bei der aus Essig der Wein hergestellt wird.[22] Die schafiitische und die hanbalitische Rechtsschule sowie der hanafitische Gelehrte Imam Abû Yûsuf sind hingegen der Ansicht, dass keine Istihâla gegeben ist, wenn das Schwein als Ausgangsstoff dient (s. das Kapitel „Gelatine). Diese Kontroverse begründet die Meinungsunterschiede hinsichtlich bestimmter Zusatzstoffe.

Eine Istihâla kann durch eine der folgenden chemischen Reaktionen stattfinden:

1. Verbrennung (Oxidation): Die Asche eines vollständig verbrannten, unreinen Stoffes gilt als rein.
2. Mineralisation: Hierbei wird eine organische Substanz vollständig zu einer anorganischen Verbindung abgebaut. Wenn beispielsweise ein Schwein oder ein Esel in einen Salzsee fallen und sterben, werden sie anschließend im Wasser zersetzt und mineralisiert. Nach Imam Abû Hanîfa und Imam Muhammad gilt das so entstandene Salz als rein, während Imam Yûsuf gegensätzlicher Meinung ist.[23]
3. Fermentierung (Gärung): Durch die Fermentierung wird z. B. Traubensaft auf biologischem Wege zunächst zu (unreinem) Wein und in einem zweiten Schritt zu (reinem) Essig umgewandelt.

21 Çayıroğlu, 2014, S. 207f.

22 Fetâvâ, 2015, S. 79

23 Çeker, 2011, S. 19

4. Verdunstung: Diese Methode kommt u. a. in der Seifenherstellung zum Einsatz, wenn ein unreines Öl als Grundstoff eingesetzt wird.[24] Der Dampf einer unreinen Substanz ist als rein einzustufen.[25]

Das Istihâla-Prinzip basiert auf den Erfahrungen und Beobachtungen der frühen Gelehrten. Ausschlaggebend für die abschließende Beurteilung waren z. B. die Änderung der Farbe, des Geruchs oder Geschmacks. Da heutzutage moderne labortechnische Analyseverfahren zur Verfügung stehen, werden diese in die Entscheidungsfindung einbezogen.

Um bei einem Stoff von einer vollständigen Zustandsänderung sprechen zu können, ist es Voraussetzung, dass der neue Stoff eine andere Bezeichnung, andere Eigenschaften und eine andere Beschaffenheit besitzt. Dies ist etwa gegeben, wenn aus Öl Seife wird oder ein Tierkörper zu Salz mineralisiert wird.

Istihlâk

Das Prinzip des Istihlâk beschreibt die vollständige Auflösung der geringen Menge einer unreinen Substanz in der größeren Menge einer reinen Substanz. Vor allem bei der Beurteilung mancher Hilfs- und Zusatzstoffe wie Ethanol als Auszugsmittel oder tierischem Lab wird auf dieses Prinzip zurückgegriffen.

Ist die unreine Substanz in der reinen Substanz weder zu riechen, zu schmecken noch an einer farblichen Verände-

---

24 Çayıroğlu, 2014, S. 251

25 Fetâvâ, 2011, S. 75

rung zu erkennen, gilt die Substanz als rein. Bewirkt sie jedoch eine Änderung dieser Zustände, wird die Substanz als rituell unrein (nadschîs) eingestuft. In beiden Punkten sind sich die Gelehrten einig.[26] Meinungsverschiedenheiten existieren lediglich in Bezug darauf, wie groß die Menge der reinen Substanz sein muss, in der der unreine Stoff gelöst wird.

Der Istihlâk ist nicht zulässig, wenn die unreine Substanz einem reinen Stoff zugegeben wird, der sich einem kleinen Gefäß befindet. Gibt man bspw. einen Tropfen Wein in einen kleinen Wasserbehälter, verdirbt er das Wasser auch dann, wenn keine Veränderung des Geschmacks, Geruchs oder der Farbe auftritt.[27]

Auch in Bezug auf den Istihlâk gilt, dass neben den tradierten Bestimmungsmethoden labortechnische Verfahren eingesetzt werden sollten, um darüber zu entscheiden, ob ein bestimmtes Lebensmittel zum Verzehr erlaubt ist.

---

26 Ibn Munzîr, 2004, S. 34; Çayıroğlu, 2014, S. 280

27 Ibn Ruschd, 1975, I, 24; Sarahsî, 2008, I, 52; XXIV, 28; Çayıroğlu, 2014, S. 283

Lexikon der Halal Ernährung

Essig/Brannt- und Weißweinessig

Zur Essigherstellung können Trauben, Äpfel, Datteln und andere Früchte verwendet werden, die natürlichen Alkohol enthalten. Während des Fermentierungsprozesses wird dieser natürliche Alkohol durch Essigsäurebakterien und Sauerstoff zu Essigsäure umgewandelt. Es ist jedoch nicht möglich, einwandfrei festzustellen, ob der Alkohol tatsächlich vollständig im Verhältnis 1:1 fermentiert wird, und dementsprechend keine Spuren im Essig zurückbleiben.

Normalerweise wird bei der Essigherstellung kein Alkohol zugesetzt. Ist dies dennoch der Fall, muss es im Zutatenverzeichnis angegeben werden.[28]

Die verschiedenen Essigsorten können aus unterschiedlichen Grundstoffen gewonnen werden. Branntweinessig wird z. B. aus destilliertem Alkohol oder Branntwein, Weinessig aus Wein, Balsamicoessig aus dunklen Trauben und Obstessig aus Fruchtsäften oder Obstweinen hergestellt.[29]

---

28 Şimşek, 2012a, S. 114f.

29 https://www.chemie-schule.de/KnowHow/Essig

Ist Essig halal?

Essig, der ohne jeglichen Zusatz von Wein oder Ethanol aus Früchten hergestellt wird, gilt nach übereinstimmender Gelehrtenmeinung als rein. Das gleiche gilt für Essig, der auf natürliche Weise (ohne äußere Einwirkung) aus Wein entsteht.[30] In einem Hadith heißt es: *„Was für eine gute Nahrung Essig doch ist.“*[31]

Ist Brannt- und Weißweinessig halal?

Die Gelehrten der vier Rechtsschulen vertreten in Bezug auf Produkte und Herstellungsverfahren, bei denen Wein als Grundstoff dient und der Wein bewusst zu Essig umgewandt wurde, unterschiedliche Positionen. Dazu gehört auch die Erzeugung von Brannt- und Weißweinessig.

Hanafitische Rechtsschule: Aus Wein erzeugter Essig gilt als rein, sein Verzehr ist halal.[32] Diese Ansicht basiert unter anderem auf folgendem Ausspruch des Propheten Muhammad (s): *„Jedes Leder ist sauber, wenn es gegerbt wird. Genauso wie Wein, der zu Essig wird, halal ist“*[33] Auch wird überliefert, dass der Gefährte und Schwiegersohn des Propheten, Ali (r) und der Gelehrte Ibn Sîrîn von den Tabiîn Essig aus Wein konsumiert haben sollen.[34]

---

30 Zuhaylî, 1985, VI, 160; Ibn Ruschd, Bidâyet al-Mudschtahid wa Nihâyat al-Muktasid, II, 325

31 Muslim, 3, Nr. 1623

32 Sarahsî, al-Mabsût, XXIV, s. 32; Tahâwî, Muhtasar al-Tahâwî, s. 525; Fetâvâ, 2015, s. 76

33 Ibn Abî Schayba, Musannaf, V/99, s. 100; Dârakutnî, Sunan, I/49, IV/266; Sarahsî, al-Mabsût, XXIV, s. 33

34 Abû Ubayd, Kitâb al-Amwâl, S. 187 (291, 292); Çayiroğlu, 2014, S. 226

Bezüglich Überlieferungen, in denen der Prophet zum Wegschütten des geerbten Weines auffordert und die Verwertung zu Essig verbietet, erläutert der hanafitische Rechtsgelehrte Sarahsî, dass mit dieser Überlieferung nicht die Umwandlung des Weins zu Essig verboten worden sei. Das Verbot beziehe sich auf die geläufige Verwendung von Wein als Zutat, so wie es bei dem Essig der Fall ist. Selbst, wenn man davon ausgehen würde, dass durch diese Überlieferung die Umwandlung von Wein zu Essig verboten worden sei, liege die Intention darin, die Rückfälligkeit der Sahâbis zum Weinkonsum zu verhindern, da dies bis zum Verbot von Rauschmitteln ein gängiges Konsummittel darstellte.[35]

Dies ist auch der Grund, weshalb der Prophet die Gefährten dazu aufforderte, den Wein, den sie noch zu Hause haben, wegzuschütten und keinen Essig daraus zu machen.[36]

Malikitische Rechtsschule: Auf Imam Malik werden drei verschiedene Meinungen zurückgeführt:

1. Die Essigherstellung aus Wein ist zwar haram, sein Verzehr ist jedoch erlaubt, da der entstandene Essig als rein und halal angesehen wird.
2. Die Essigherstellung aus Wein ist haram, weshalb auch der Essig als unrein eingestuft wird.
3. Die Essigherstellung aus Wein und damit auch der entstandene Essig sind halal.

---

35 Sarahsî, al-Mabsût, XXIV, 24

36 al-Kurtubî, al-Dschâmiu li ahkâmi'l-Kur'ân, IV, 290; Cayiroglu, 2014,s. 229

Die erste Ansicht wird als die authentischste angesehen.[37] Sie basiert u. a. auf folgender Überlieferung des Anas bin Mâlik (r): *„Abû Talha befragte den Propheten über den Umgang mit dem Wein, den er geerbt hatte. Der Prophet sagte: ‚Schütte ihn weg.' Abû Talha fragte: ‚Kann ich nicht Essig daraus machen?" Der Prophet antwortete: ‚Nein'".*[38]

Hanbalitische Rechtsschule: Essig, der absichtlich aus Wein erzeugt wurde, gilt als unrein. In Bezug auf Essig, der auf natürlichem Wege entstanden ist, existieren zwei verschiedene Meinungen:

1. Wurde der Wein von einer Person unabsichtlich so gelagert, dass sich Essig gebildet hat, gilt der entstandene Essig als rein.
2. Auf der Grundlage des Vergleichs mit anderen Stoffen, denen etwas hinzugefügt wurde, gilt der Essig als unrein.[39]

Anas bin Malik (r) überliefert, dass der Prophet gefragt wurde, ob Wein verändert werden könne, um ihn als Essig zu verwenden. Er antwortete: *„Nein"*.[40]

Schafiitische Rechtsschule: Fügt man dem Wein Stoffe wie Hefe, Brot, Essig, Salz etc. hinzu, gilt der daraus entstehende Essig als unrein, da diese Stoffe durch den Kontakt mit dem Wein unrein werden, und es auch im fertigen Essig bleiben.

In Bezug auf durch falsche Weinlagerung entstandenen Essig (s. hanbalitische Rechtsschule) vertreten die Schafiiten zwei Ansichten:

---

37 Karafî, 1994, IV, S. 118f.; Hattâb, 2003, I, S. 138f.; Çayıroğlu, 2014, S. 220f.

38 Tirmizî, Buyû, 58

39 Ibn Kudâma, 1405, I, 294; Çayıroğlu, 2014, S. 221

40 Muslim, Aschriba, 11

1. Der entstandene Essig gilt als rein, da die berauschende Wirkung des Weines und seine darauf basierende Unreinheit nicht mehr gegeben sind.
2. Der Essig gilt als unrein und darf nicht verzehrt werden.[41]

Es wurde überliefert, dass Umar ibn Hattâb (r) sagte: „Essig, der von einem Menschen aus Wein hergestellt wurde, ist nicht halal. Wenn dieser Wein jedoch durch Allah zu Essig umgewandelt wird [d. h. der Essig entsteht auf natürliche Weise, Anm. d. A.] ist der Essig halal."[42]

E-Nummern

E-Nummern werden zur Kennzeichnung von Lebensmittelzusatzstoffen verwendet. Das E steht für Europa, die Nummern werden innerhalb der Europäischen Union also einheitlich verwendet. Entsprechend ihrer Funktion werden die Lebensmittelzusatzstoffe in Farbstoffe, Konservierungsstoffe, Antioxydantien, Emulgatoren, Stabilisatoren, Säuerungsmittel, Gelier- und Verdickungsmittel, verschiedene Lebensmittelzusatzstoffe, Überzugsmittel und sonstige Zusatzstoffe eingeteilt.

Auf den folgenden Seiten stellen wir die häufigsten, aus islamischer Perspektive besonders kritischen E-Nummern vor.

Emulgatoren

Emulgatoren sind Stoffe, mit deren Hilfe zwei grundsätzlich nicht mischbare Stoffe (z. B. Wasser und Öl) dauerhaft

41 Nawawî, 2011, II, S. 575-577; Çayıroğlu, 2014, S. 220f.

42 Bayhakî, Sunan al-kubrâ, VI, S. 37 (11532)

miteinander vermischt werden können. Emulgatoren fördern außerdem das Gelierverhalten und vereinfachen die Einstellung bestimmter geschmacklicher Eigenschaften eines Produktes.[43] Sie können aus pflanzlichen, tierischen oder synthetischen Grundstoffen gewonnen werden.[44]

Der Einsatz von Emulgatoren muss zwar auf der Zutatenliste angegeben werden. Welche Emulgatoren im Einzelnen verwendet wurden, ist jedoch nicht deklarationspflichtig.[45]

Mono- und Diglyceride von Speisefettsäuren (E471/ E472)

Erläuterung: Mehlbehandlungsmittel und Emulgatoren.

Herstellung: Herstellung aus Glycerin und pflanzlichen oder tierischen Speisefettsäuren. E471/472 wird heute i. d. R. aus Sojabohnen oder aus Milcherzeugnissen gewonnen. Wichtig zu erwähnen ist, dass es sich bei einem „tierischen“ Ursprung nicht um Fette, sondern um Milcherzeugnisse handelt. Eine Gewinnung aus Fetten kommt seit der BSE-Krise in der Praxis nicht mehr vor. Genauere Angaben können beim Hersteller angefordert werden.

Einstufung: unbedenklich, da ein Ursprung aus tierischen Fetten, die nicht halal Konform sind, heutzutage keine Anwendung mehr findet.

43 Şimşek, 2012, S. 44

44 Şimşek, 2012, S. 45; Blume, 2016

45 Lebensmittellexikon, k. A.

Polyglycerin-Polyricinoleat (E476)

Erläuterung: Emulgator und technischer Hilfsstoff

Herstellung: künstliche Herstellung aus Glycerin und Polyricinolsäure. In der Produktion wird auch Glycerin eingesetzt. (→ s. E422)

Einstufung: unbedenklich[46]

Geliermittel

Geliermittel sind Lebensmittelzusatzstoffe, die als Stabilisatoren, Verdickungs- oder Bindemittel eingesetzt werden. Sie können pflanzlicher oder tierischer Herkunft sein. Gelatine ist das einzige Geliermittel, das einen tierischen Ursprung hat. Da sie aber kein Lebensmittelzusatzstoff, sondern eine Zutat ist, muss sie auf der Zutatenliste explizit unter dem Namen Gelatine oder Speisegelatine ausgewiesen werden. Bei der Angabe „Geliermittel" kann man somit von einem pflanzlichen Produkt ausgehen.[47]

Agar-Agar (E406)

Erläuterung: Geliermittel

Herstellung: Agar-Agar wird aus den Zellwänden bestimmter Algenarten gewonnen und als Verdickungsmittel und Füllstoff in Süßwaren, Würzzubereitungen und Joghurts eingesetzt.[48]

Einstufung: unbedenklich, da pflanzlichen Ursprungs

46 Eitelmann, 2015

47 Özoğuz, 2011, S. 59

48 Zusatzstoffe-online, 2011b

Carrageen (E407)

Erläuterung: Gelier- und Verdickungsmittel

Herstellung: Carrageen wird mit heißem Wasser, seltener mit Alkohol (Ethanol) aus den Zellwänden der Rotalge extrahiert.

Einstufung: Bei Extraktion mit Wasser ist Carrageen unbedenklich. Im Falle der Extraktion mit Ethanol vertritt der Fatwa-Rat der Islamischen Gemeinschaft Millî Görüş (IGMG) folgenden Standpunkt: Der Einsatz von synthetischem Alkohol (kein „Hamr") als Auszugsmittel oder Zwischenprodukt ist zulässig, im Endprodukt darf jedoch kein Alkohol mehr nachweisbar sein. Dies ist i. d. R. dann der Fall, wenn der Alkohol im Produktionsprozess durch Hitzeeinwirkung verdampft. (Für weitere Details s. Kapitel: Alkohol im Aroma)

Johannisbrotkernmehl (E410)

Erläuterung: Pflanzliches Gelier- und Bindemittel

Herstellung: Johannisbrotkernmehl wird durch Hitzeeinwirkung aus den Samen der Johannisbrotfrucht gewonnen und als Bindemittel und Stabilisator in Soßen, Suppen, Limonaden, Speiseeis und Desserts verwendet.[49]

Einstufung: aufgrund der pflanzlichen Herkunft unkritisch

Guarkernmehl (E412)

Erläuterung: Emulgator, Verdickungs- und Mehlbehandlungsmittel

49 Zusatzstoffe-online, 2013

Herstellung: Guarkernmehl wird aus den Samen der Guarbohne gewonnen, einer Hülsenfrucht, die in Indien und Pakistan heimisch ist. Es wird hauptsächlich Backwaren, Speiseeis, Obst- und Gemüsekonserven und Suppen zugesetzt.[50]

Einstufung: aufgrund seines pflanzlichen Ursprungs unbedenklich

Gummi Arabicum (E414)

Erläuterung: Stabilisator und Verdickungsmittel

Herstellung: Gummi Arabicum ist der Saft einer afrikanischen Akazienart, der durch Einritzen der Baumrinde gewonnen wird. Es wird in Süßwaren, Getränken, Tortenguss und Sahnesteif eingesetzt.[51]

Einstufung: unbedenklich, da rein pflanzlich

Xanthan (E415)

Erläuterung: Verdickungsmittel

Herstellung: Xanthan wird mithilfe des Bakteriums Xanthomonas durch Fermentierung aus zuckerhaltigen Rohstoffen hergestellt. Häufig wird es als Verdickungsmittel in Mayonnaise, Ketchup, Speiseeis, Backwaren und Marmelade verwendet.

Einstufung: unkritisch

---

50 Zusatzstoffe-online, 2011

51 Lebensmittellexikon, k. A.

Pektin (E440)

Erläuterung: Gelier- und Verdickungsmittel, Stabilisator

Herstellung: Pektin wird aus Apfel- oder Zitrusfruchtschalen gewonnen. Bei Kontakt mit Wasser bildet sich eine geleeartige Substanz, die in Marmelade, Konfitüre, Süßwaren, Tortenguss, Speiseeis oder Mayonnaise verwendet wird.[52]

Einstufung: Pektin ist aufgrund seiner pflanzlichen Herkunft grundsätzlich unbedenklich. Es besteht aber die Möglichkeit, Pektin mit Ethanol auszufällen.[53] Diese Art der Gewinnung wird von den Gelehrten unterschiedlich eingestuft. (Für weitere Details s. Kapitel: Alkohol im Aroma) Bei Interesse kann die Art der Pektingewinnung beim Hersteller angefragt werden.

Gelatine

Erläuterung: Geliermittel

Herstellung: Gelatine wird aus dem Bindegewebe von Schweinen und Rindern, seltener auch aus Fischen gewonnen.

Einstufung: Speisegelatine ist immer tierischen Ursprungs. Schweinegelatine wird von der überwältigenden Mehrheit der Gelehrten als haram und für die Produktion islamkonformer Lebensmittel als nicht zulässig eingestuft. Die Gewinnung aus Rinderkollagen wird unterschiedlich bewertet (→ s. Abschnitt „Gelatine“).

52 das-ist-drin, k. A.

53 Herbstreith&Fox, k. A.

Weitere E-Nummern

Karmin (E120)

Erläuterung: Farbstoff

Herstellung: Karmin wird aus weiblichen Schildläusen gewonnen.

Einstufung: Die Gelehrten der hanafitischen, schafiitischen und hanbalitischen Rechtsschule stufen den Verzehr von Insekten als makruh (verpönt) ein; die Malikiten bewertet den Stoff als halal (→ s. Abschnitt „Karmin E120“).

Zuckerkulör (E150)

Erläuterung: schwarze Lebensmittelfarbe

Herstellung: Zuckerkulör wird durch das Erhitzen von Zucker (E150 a) und Chemikalien wie Ammoniak (E150 c) oder Ammoniumsulfit (E150 d) hergestellt.[54] Zuckerkulör ist ein Farbstoff, der dem Produkt eine braune bis schwarze Farbe gibt. Sie wird am häufigsten zum Färben von Cola verwendet, deshalb enthält jede konventionelle Cola E150.

Einstufung: unbedenklich

Carotin, Beta-Carotin, Provitamin A (E160a)

Erläuterung: gelb-rötliche Farbstoffe

Herstellung: Carotine sind gelb-orangene Farbstoffe, die aus pflanzlichen Substanzen (Tomaten, Karotten, rote Paprika etc.) oder im Labor synthetisch hergestellt werden

54 Lebensmittellexikon, k. A.

können.[55] Sie wird bspw. zum Färben von Käse (Gouda, Schmelzkäse), Margarine, Pudding, Vanilleeis und Desserts eingesetzt. Carotin ist in Öl löslich; als Trägerstoff können Stärke oder (Fisch-)Gelatine verwendet werden.

Einstufung: Carotin kann aus islamischer Sicht als unbedenklich bewertet werden. Sie gilt als ein veganer Farbstoff. Gelatine als Trägerstoff kommt heutzutage nicht vor. Auch wird es nicht mit Ethanol behandelt.

Lecithin (E322)

Erläuterung: pflanzliches Mehlbehandlungsmittel und Stabilisator

Herstellung: Lecithin wird in Lebensmittelprodukten als Emulgator eingesetzt, damit sich Wasser und Öl besser vermischen. Ihre Aufgabe ist es unter anderem, dass die Margarine beim Braten nicht spritzt oder dass die Schokolade eine homogene Fließfähigkeit hat. Früher wurde Lecithin aus Hühnereigelb gewonnen, heute wird es in der Lebensmittelproduktion fast ausschließlich aus der Sojabohne (Sojalecithin) oder aus Sonnenblumen- oder Rapsöl gewonnen. Bisher konnte keine tierische Herkunft festgestellt werden. Lecithin wird häufig in Eiscreme, Mayonnaise, Schokolade, Brot und Margarine eingesetzt.[56]

Einstufung: unbedenklich[57]

---

55 Simsek, 2015, S.17

56 Simsek, 2015, S.39f

57 Salih Şengezer, „Katkı Maddelerinin Gıdalar Ve İlaçların Hükmüne Etkisi“, S. 33, Ankara 2015 (Uzmanlık Tezi, Din İşleri Yüksek Kurulu)

L+ Weinsäure (E334)

Erläuterung: Säurungsmittel und Stabilisator

Herstellung: Weinsteinsäure kommt natürlich in der Traube, in Zuckerrüben oder auch in der Ananas vor, jedoch kann es auch industriell aus Weinstein gewonnen werden. Bei der Weinherstellung kristallisiert sich aus dem Traubenmost Weinstein und setzt sich am Boden ab. Durch das mehrfache Waschen mit heißem Wasser und Säuren werden die Spuren des Weines vollständig entfernt. Weinsäure wird als Säureregulator z.B. in Marmelade, Speiseeis, Limonade, Konserven, Fruchtsäften oder auch in Gelierzucker verwendet.[58]

Einstufung: Die Diyanet (Fatwa vom 20.04.2015) und die IGMG stufen Weinsäure als halal ein, da sie nicht direkt aus Wein, sondern aus dem Traubenmost gewonnen wird. Zudem gilt sie aufgrund der vollständigen Zustandsänderung (Istihâla) des Ausgangsstoffes und der Reinigung als sauber. Weinsäure weist keine berauschende Wirkung auf.

Glycerin (E422)

Erläuterung: Feuchthalte- und Süßungsmittel

Herstellung: Glycerin wird überwiegend aus pflanzlichen Fetten und Ölen gewonnen. Eine Herstellung aus synthetischen oder tierischen Stoffen ist ebenfalls möglich, findet in der Praxis jedoch keine Anwendung.

Einstufung: Bei einer Gewinnung als pflanzlichen und synthetischen Stoffen gilt Glycerin als unbedenklich.[59]

---

58 Şimşek, 2015, S.41f. und Özoğuz, 2011, S. 70

59 Şimşek, 2012, S. 53

Mononatriumglutamat (E621)

Erläuterung: Geschmacksverstärker

Herstellung: Der Stoff wird durch eine chemische Reaktion aus Glutaminsäure gewonnen.

Einstufung: Glutamat ist zwar frei von tierischen und alkoholischen Bestandteilen, allerdings sind gesundheitliche Beeinträchtigungen nicht vollständig auszuschließen.[60]

Schellack (E904)

Erläuterung: Überzugsmittel

Herstellung: Schellack wird aus den Harzausscheidungen der Lackschildläuse gewonnen, die sich vom Saft bestimmter Bäume ernähren. Sie werden gewaschen, gemahlen und in der Sonne getrocknet.

Einstufung: Die Mehrheit der Gelehrten vergleicht die Gewinnung von E904 mit der Honigherstellung und stuft es deshalb als erlaubt ein. Andere halten den Stoff für bedenklich. Schellack kann außerdem in Ethanol gelöst werden, was ebenfalls unterschiedlich bewertet wird.

Die Fatwa-Räte der Diyanet und der Islamischen Gemeinschaft Millî Görüş (IGMG) ist der Ansicht, dass der Einsatz von Alkohol während des Produktionsprozesses zulässig ist, solange im Enderzeugnis keine Alkoholrückstände mehr nachweisbar sind, etwa indem der Alkohol durch Hitzeeinwirkung verdampft (→ s. Abschnitt „Schellack“).

---

60 Zusatzstoffe-online, 2011a

Lanolin/Wollwachs (E913)

Erläuterung: Überzugs- und Trennmittel

Herstellung: Wollwachs ist ein Sekret, das von Schafen über die Haut ausgeschieden und durch Extraktion aus der Wolle lebender oder toter Tiere gewonnen wird. Als Lösungsmittel können Ethanol oder Isopropanol eingesetzt werden.[61]

Einstufung: Nach der Ansicht des IGMG Fatwa-Rates verliert Lanolin durch die chemischen Behandlungen seine ursprünglichen Eigenschaften, sodass eine neue Substanz entsteht. Den Einsatz von Ethanol hält der Rat für zulässig, solange im Enderzeugnis, z. B. durch Verdunstung während des Produktionsprozesses, kein Alkohol mehr nachweisbar ist.

L-Cystein (E920/E921)

Erläuterung: Mehlbehandlungsmittel

Herstellung: L-Cystein wird mithilfe von Salzsäure aus Keratin gewonnen, einem Stoff, der in Hörnern, Borsten oder Federn enthalten ist. Eine synthetische Herstellung ist ebenfalls möglich und wird auf dem deutschen Markt auch präferiert.

Einstufung: Der Konsum vom tierischen Cystein aus nicht islamkonformer Quelle ist nicht erlaubt; synthetisches Cystein ist unbedenklich (→ s. Abschnitt „L-Cystein").

61 Şimşek, 2012, S. 100

Aspartam (E951)

Erläuterung: Süßstoff und Geschmacksverstärker

Herstellung: Gewinnung aus zwei synthetisch hergestellten Aminosäuren

Einstufung: Aspartam ist frei von tierischen und alkoholischen Bestandteilen.[62] Viele Jahre wurde über mögliche Gesundheitsschäden und das Krebsrisiko von Aspartam kontrovers diskutiert, worauf die EFSA (Europäische Behörde Für Lebensmittelsicherheit) 2013 eine umfangreiche Neubewertung aller Studien zu dem Zusatzstoff einleitete. In dem Gutachten wurde jedoch bestätigt, dass Aspartam in Lebensmitteln erlaubten Mengen als gesundheitlich unbedenklich gilt.[63]

Mehrwertige Alkohole (Zuckeralkohol)

Mehrwertige Alkohole wie zum Beispiel Sorbit, Mannit, Xylit und Glycerin sind Zuckeraustauschstoffe. Sie haben keine berauschende Wirkung und dienen vor allem in diätischen Lebensmitteln als Zuckerersatzstoffe, Trägerstoffe und Feuchthaltemittel. Aufgrund ihrer chemischen Eigenschaften werden sie zur Gruppe der Alkohole gezählt. Aus islamischer Sicht gelten mehrwertige Alkohole jedoch als halal, da sie keine berauschende Wirkung aufweisen. Die chemische Bezeichnung „Alkohol“ sollte in diesem Kontext nicht täuschen.

62 Lebensmittellexikon, k. A.

63 https://www.efsa.europa.eu/de/topics/topic/aspartame

Herstellung

Mehrwertige Alkohole werden aus Kernobstsorten wie Äpfeln, Birnen, Aprikosen oder Pflaumen bzw. aus Mais- und Weizenstärke gewonnen. Die darin enthaltene Glucose (Traubenzucker) bildet die Basis zur Herstellung von Sorbit. Glycerin lässt sich ebenfalls aus pflanzlichen oder synthetischen, aber auch aus tierischen Stoffen herstellen, wobei ein tierischer Ursprung in der Praxis keine Anwendung findet.[64]

Der Koran verbietet den Verzehr von „Hamr". Dieser Begriff bedeutet eigentlich „Berauschendes", wird aber häufig mit „Alkohol" übersetzt, was zu Missverständnissen führt. Ethanol (also „Alkohol" im populären Sinn) gehört zur Kategorie der berauschenden Stoffe; mehrwertige Alkohole haben dagegen keine berauschende Wirkung und können deswegen auch nicht als haram eingestuft werden.[65]

Alkohol als Lösungsmittel

Eine der umstrittensten Fragen im Rahmen der Halal-Ernährung betrifft die Einstufung von Aromen, die Ethanol als Trägerstoff enthalten. Dies hängt vor allem damit zusammen, dass Aromen in fast allen verarbeiteten Lebensmitteln zu finden sind und überwiegend mit Ethanol gelöst werden. Die Problematik wird dadurch verkompliziert, dass sich die Gelehrten in der Bewertung von Endprodukten, die Ethanol enthalten, nicht einig sind.

---

64 Lebensmittellexikon, k. A.

65 Şimşek, 2012a, S. 14f.

Verwendung und Herstellung

Aromen werden bestimmten Produkten als Zusatzstoffe beigegeben, wenn das Eigenaroma (Geschmack oder Duft) nicht ausreicht oder nicht die gewünschten Eigenschaften aufweist. Inzwischen gibt es mehrere Tausend unterschiedliche chemisch erzeugte Aromen. Sie liegen i. d. R. in konzentrierter Form vor und müssen zur Weiterverarbeitung stark verdünnt werden. Als Lösungsmittel werden Ethanol, Wasser, Stärke oder auch Milchzucker (Laktose) verwendet werden[66], wobei das kostengünstige und leicht verfügbare Ethanol am häufigsten zum Einsatz kommt.[67]

Problematisch hierbei ist, dass die Verwendung von Ethanol als Lösungsmittel nicht kennzeichnungspflichtig ist, solange der Alkoholgehalt im Endprodukt unterhalb der zulässigen Grenze von 1,2% liegt.[68] Das Lösungsmittel Milchzucker (Laktose) muss dagegen aufgrund seiner Bedeutung als Allergen auf der Verpackung deklariert werden.[69]

Einstufung

Die Frage, ob mit Ethanol gelöste Aromastoffe als halal eingestuft werden können, wird von den Gelehrten kontrovers diskutiert. Im Folgenden werden die diesbezüglichen Einzelmeinungen einiger islamischer Gelehrter sowie die Positionen islamischer Organisationen wiedergegeben.

---

66 bfr.bund, k. A.

67 Şimşek, 2012a, S. 99f.; Yılmaz, 2012, S. 36; Çayıroğlu, 2014, S. 371f.

68 DVAI, 2012; EUR-Lex, 2011

69 bfr.bund, k. A.

Unbedenklich

Prof. Dr. Amir Zaidan (1964, Geschäftsführer und islamologischer Leiter von Halal Quality Control Austria. Mitgründer von Halal Control Deutschland)

- Ethanol an sich, als natürliche Substanz, kann nicht rituell unrein (nadschîs) sein, denn für die Unreinheit von Ethanol gibt es keinerlei Belege. Somit ist es erlaubt und damit als rituell rein einzustufen.
- Andernfalls wären jene Lebensmittel, die natürlicherweise Ethanol enthalten, jedoch aus islamischer Sicht unbedenklich sind, auch unrein und verboten. Dies wäre zum Beispiel bei reifen Früchten, Brot und Essig der Fall.
- Ethanol aus Gärung zuckerhaltiger Säfte ist nicht erlaubt und rituell unrein, da es aus nicht erlaubter Herstellung gewonnen wird. Synthetisch hergestelltes Ethanol, das nicht zur Herstellung von alkoholhaltigen Getränken dient, ist erlaubt. Es kann bei der Reinigung von Auflösung von Substanzen, sowie im Parfüm und als Brennstoff eingesetzt werden. Zu beachten ist dabei, dass mit diesem Ethanol keinerlei Produkte hergestellt werden dürfen, die eine Rauschwirkung verursachen.[70]

Prof. Dr. Wahba az-Zuhaylî (1932-2015, Gelehrter des islamischen Rechts und der islamischen Jurisprudenz an der Universität zu Damaskus)

- Es ist erlaubt, in geringen Mengen Alkohol zu benutzen, wenn dies unerlässlich ist. Der Alkohol als Lösungsmittel wird demnach als notwendig angesehen.[71]

---

70 Zaidan, 2010, S. 46-51

71 Zuhaylî, 1997, S. 28-29; vgl. Çayıroğlu, 2014, S. 373f.

Muhammad Abû Zahra (1898-1974, Gelehrter des islamischen Rechts an der Al-Azhar Universität in Ägypten)

- ◇ Das Trinken von Alkohol (Ethanol) ist zweifelsfrei haram, jedoch ist es erlaubt, diesen zum Lösen von Aromen zu verwenden, denn Alkohol wird nicht als unrein (nadschîs) angesehen (s. Begründung von Amir Zaidan).
- ◇ Beispiel: Das Verzehren von Eseln ist haram, jedoch ist der Esel selbst nicht unrein (nadschîs).[72]

Madschma al-Fikh al-Islâmi (Internationale islamische Akademie für islamisches Recht, IFA; 1981 von verschiedenen islamsichen Ländern gegeründet, Sitz in Dschidda)

- ◇ Die Unreinheit der berauschenden Stoffe ist nicht materiell, sondern spirituell, so ist die Benutzung für medizinische Zwecke gestattet.
- ◇ Wenn eine Alternative nicht leicht zu finden ist, ist der Alkohol zum Lösen der Aromen erlaubt.[73]

Prof. Dr. Cevat Akşit (1938, Professor für islamisches Recht in der Türkei)

- ◇ Nach der hanaftischen Rechtsschule ist Alkohol nicht unrein (nadschîs) (s. Begründung von Amir Zaidan).
- ◇ Auch Früchte und Essig enthalten Alkohol und sind als solche erlaubt.[74]

Prof. Dr. Muhammad Ali el-Bâr (1939, Professor der medizinischen Fakultät in Kairo, Teilnehmer der IFA Mekka und Dschidda)

---

72 Abû Zahra, 2006, S. 753; vgl. Çayıroğlu, 2014, S. 374

73 vgl. Zuhaylî, 1985, S. 210-211; vgl. Çayıroğlu, 2014, S. 375

74 Akşit, 2011; vgl. Çayıroğlu, 2014, S. 376

- ◇ Ausgehend von dem Hadith *„Was in größeren Mengen berauscht, ist auch in kleinen Mengen verboten“*[75] ist Alkohol im Aroma halal. Denn auch wenn man eine größere Menge von dem Produkt konsumiert, wird man nicht berauscht, weshalb auch eine kleinere Menge erlaubt ist.
- ◇ Beispiel: Auch wenn man die potenziell größte Menge von Cola trinkt, spürt man keine berauschende Wirkung, so ist auch eine kleine Menge halal, auch wenn in der Cola Alkohol als Lösungsmittel verwendet wurden.[76]

Prof. Dr. Hayrettin Karaman (1934, ehem. Professor für islamisches Recht in der Türkei)

- ◇ Wenn die verzehrbare große Menge nicht berauscht, so ist die kleinere Menge auch halal (s. Begründung von Muhammad Ali el-Bâr).
- ◇ Getränke werden in großen Behältern hergestellt. Wenn man den zugefügten Alkohol nicht riechen, schmecken oder an der Farbe erkennen kann, so gilt das Getränk als rein/halal (Prinzip des Istihlâk).

Dr. Nazih Hammâd (1946, Professor an der Um Al-Kura Fakultät in Mekka. Mitglied der IFA und des Rates für islamsisches Recht in Nordamerika)

- ◇ Hammâd bezieht sich ebenfalls auf das Prinzip des Istihlâk: Wenn der Alkohol im Aroma im Produkt anhand des Geschmacks, Geruchs oder der Farbe nicht erkennbar ist, macht der Alkohol das Produkt nicht unrein/haram.

---

75 Abû Dâwûd, Aschriba, 5; Tirmizî, Aschriba, 3

76 Bâr, 1978, S. 65; vgl. Çayıroğlu, 2014, S. 376

◇ Da der Alkohl als Trägerstoff dem Produkt keine berauschende Wirkung verleiht, hat die Überlieferung des Hadithes *„Was in größeren Mengen berauscht, ist auch in kleinen Mengen verboten“* in diesem Fall keine Relevanz.[77]

Prof. Dr. Husâmaddîn bin Mûsâ Affâne

◇ Da man den Alkohol im Produkt nicht bemerkt und dieser nicht gezielt für eine Berauschung hinzugefügt wird, gilt das Produkt als rein/halal. Die Eigenschaft von „Hamr“ trifft nicht zu, da das Produkt keine berauschende Wirkung hat.[78]

Bedenklich

Prof. Dr. Hamdi Döndüren (1943, Professor für islamisches Recht in der Türkei)

◇ Trinkalkohol als Lösungsmittel (auch nur kleine Mengen) gilt als unrein (nadschîs). Der natürlich entstehende Alkohol in Fruchtsäften ist jedoch rein/halal.[79]

Prof. Dr. Ahmet Akgündüz (1955, ehem. Rektor der islamischen Universität in Rotterdam)

◇ Wo es Halal-Lebensmittel gibt, sind alkoholhaltige Produkte verboten, auch wenn sie keine berauschende Wirkung haben. Falls es keine gibt, muss man die nicht berauschenden Produkte vorziehen und nur so viel davon konsumieren, wie es nötig ist.

---

77 Hammâd, 2003, S. 105-107; vgl. Çayıroğlu, 2014, S. 376

78 Affâne, 2007, I-II, S. 428; vgl. Çayıroğlu, 2014, S. 374

79 Döndüren, 2011, S. 115; vgl. Çayıroğlu, 2014, S. 377

- Wenn eine vollständige Zustandsänderung (Istihâla) stattfindet und der eingesetzte Alkohol seine ursprüngliche Eigenschaft verliert, ist das Produkt erlaubt.[80]

Prof. Dr. Mustafa Nutku (Chemie-Professor in der Türkei)

- Nutku meint, dass keine Istihâla stattfinden kann, denn wenn eine Zustandsänderung beim Ethanol eintrifft, so müsste dies auch zwangsläufig mit dem abhängigen Aroma passieren. Dadurch würde es aber die gewünschten Eigenschaften verlieren, weshalb die Istihâla ausgeschlossen ist.[81]

Univ.-Prof. Dr. Ebubekir Sifil (1960, Professor an der islamischen Fakultät in Yalova in der Türkei)

- Sifil argumentiert gegen den Vergleich mit Istihlâk, denn dieses Prinzip sei nur für das Wasser für die rituelle Waschung gültig und somit für den Alkohol im Aroma irrelevant.[82]

Islamische Organisationen

Der Fatwa-Rat des Amtes für religiöse Angelegenheiten in der Türkei (Din İşleri Yüksek Kurulu, DİYK)

Der Beschluss des Fatwa-Rates der DİYK zur Nutzung von synthetischem Alkohol während des Herstellungsprozesses lautet zusammengefasst:

Der Islam verbietet all jene Getränke, die zwecks einer Berauschung und als Genussmittel hergestellt, verkauft und

80 Akgündüz, 2013

81 Nutku, 2011

82 Sifil, 2006

konsumiert werden.[83] Der Prophet Muhammad (s) sagte: *„Was in großen Mengen berauscht, ist auch in kleinen Mengen verboten.“*[84] Diese Urteile beziehen sich auf jene Getränke, die mit bestimmten Methoden hergestellt und mit der Absicht produziert werden, um eine Berauschung hervorzurufen. Diese Getränke dürfen bei einer medizinischen Behandlung nur dann genutzt werden, wenn es keine Alternativen gibt. In der Fachsprache werden diese Getränke als „Hamr“ bezeichnet.

Des Weiteren gibt es noch den Alkohol, der synthetisch hergestellt wird oder in manchen Früchten und Lebensmitteln natürlicherweise entsteht. Diese Arten von Alkohol müssen von dem berauschenden Hamr differenziert werden.

Früchte können von Natur aus einen Alkoholgehalt von 0,001-0,005% aufweisen. Auch Brot und andere Lebensmittel, die einer Fermentierung unterliegen, kann am Ende der Herstellung einen minimalen Alkoholgehalt haben. Bei zahlreichen Lebensmitteln werden während der Produktion Aromen benutzt, sodass sich im Endprodukt ein minimaler Wert an Ethanol, Keton, Ester u. Ä. bilden kann. Dabei kann dieser auf natürliche Weise oder durch die Zugabe der Aromen zustandekommen. In diesen Fällen ist der Konsum des Produktes nicht haram, denn bei diesem vorhandenen Alkohol handelt es sich nicht um Hamr. Ansonsten müsste auch der Konsum von Früchten und anderen Lebensmitteln untersagt werden, da diese auch Alkohol enthalten.

---

83 Sure Mâida, 90-91; Muslim, Musakat, 67

84 Buhârî, Wudû, 71; Muslim, Aschriba 7; Abû Dâwûd, Aschriba, 5; Tirmizî, Aschriba, 3

Zusammenfassend kann man sagen:

1. Getränke, die zwecks Berauschung hergestellt werden, sind sowohl in kleinen als auch in großen Mengen haram. Dazu zählt das Trinken jener Getränke, als auch die Zugabe in Lebensmitteln.

2. Alkohol, der sich auf natürliche Weise in einem Lebensmittel bildet und nicht zu einer Berauschung führt, nicht dazu, dass das Produkt haram wird

3. Der Konsum von synthetischem Alkohol ist haram. Jedoch wird die Verwendung als Lösungsmittel anders beurteilt, denn hierbei besteht nicht die Absicht einer Berauschung oder eines Genussmittels; man nutzt es um die Aromen auflösen zu können.

4. Die Nutzung von synthetischem Alkohol in Reinigungsmittel oder als Reinigungsmittel selbst ist erlaubt. Da diese Stoffe aus islamischer Sicht nicht als unrein (nadschîs) gelten, ist es nicht nötig, vor dem Gebet die in Kontakt gekommen Stellen zu reinigen.

5. Auf der Suche nach Halal-Lebensmitteln ist es genauso wichtig, auch die gesundheitlichen Aspekte zu berücksichtigen.

6. Es ist dennoch zu empfehlen nach Alternativen zu suchen und alkoholfreie Varianten vorzuziehen.[85]

Islamische Gemeinschaft Millî Görüş (IGMG)/Europäisches Halal-Zertifizierungsinstitut (EHZ)

Ethanol, gewonnen aus einer Haram-Quelle (z. B. aus Destillation von Hamr), ist haram. Somit ist auch der Einsatz in

85 Fatwa erhalten am 29.04.2019.

der Aromaherstellung verboten. Ethanol aus halal-konformen Quellen (z. B. auf Mineralölbasis) darf in der Aromaherstellung den Betrag von 1 % (laut indonesischem MUI-Standard) nicht übersteigen, da Aroma als ein Zwischenprodukt und nicht als Endprodukt zum Verzehr eingestuft wird.

Aromen werden u. a. in der Produktion von Lebensmitteln verwendet, jedoch als solche nicht als Endprodukt konsumiert. Im Endprodukt, bei dessen Herstellung Aroma mit Ethanol als Lösungsmittel (aus halal-konformen Quellen) eingesetzt wurde, muss die Alkoholmenge unter der Nachweisgrenze liegen (1 zu 10.000), also nicht nachweisbar sein. Das EHZ zertifiziert nach dieser Richtlinie.

Zusammenfassend kann gesagt werden, dass der Einsatz von Alkohol, der aus Halal-Quellen gewonnen wurde, in Rohstoffen als Zwischenprodukt erlaubt ist, jedoch im finalen Produkt nicht mehr nachweisbar sein darf. Dies ist meistens der Fall, wenn in der Produktion durch Hitzeeinwirkung der Alkohol im Rohstoff verfliegt.

Kefir

Kefir ist ein Getränk, das aus der Milch von Kühen, Schafen und Ziegen hergestellt wird. Es entsteht durch einen Fermentationsprozess, bei dem Milchsäurebakterien und Hefen Kohlensäure und eine geringe Menge Alkohol bilden. Der Alkoholgehalt liegt i. d. R. zwischen 0,5 und 1 %, er kann jedoch je nach Lagerungsbedingungen deutlich auf bis zu 2% steigen. Fertiger Kefir aus dem Supermarkt enthält deutlich weniger Alkohol (max. 0,5 %).[86]

86 Elgün, 2011, S. 140

Kefir gilt als kreislaufstärkend, er regt die Darmtätigkeit an, beseitigt Krankheitserreger und stärkt besonders das Immun- und Nervensystem. Außerdem enthält er die Vitamine A und D und B-Vitamine, Aminosäuren und Mineralien wie Calcium, Magnesium und Phosphor. Sein Verzehr lindert chronische Müdigkeit, Stress und Blähungen.[87]

Ist der Verzehr von Kefir erlaubt?

Kefir enthält eine geringe Alkoholmenge. Da sich der Alkohol jedoch während des Fermentierungsprozesses auf natürliche Weise bildet und der Genuss von Kefir keinen Rauschzustand auslöst, ist sein Verzehr erlaubt. Analog dazu kann man auf den Verzehr von reifen Früchte wie Bananen und Äpfeln, Brot oder Fruchtsäften verweisen, die ebenfalls geringe Mengen an Alkohol enthalten ohne zu berauschen.[88]

Marzipan

Marzipan ist eine feine Masse aus Mandeln und Zucker. Sie wird überwiegend als Süßware mit einem Schokoladenüberzug, oder auch als Rohmasse angeboten. Die Beigabe von Aromen ist nicht üblich, gelegentlich wird aber zur Geschmacksverfeinerung Rosenwasser zugegeben.

Enthält Marzipan Alkohol?

Es besteht die Möglichkeit, dass bei der Herstellung des Rosenwassers Alkohol als Lösungsmittel eingesetzt wur-

87 Sert, Demirci, Akın, 2011, S. 170; Karaman, k. A.

88 Beschlüsse des Diyanet Fatwa-Rates und der ersten Nationalen Konferenz für Halal und Gesundheit in der Türkei 2011; Çayıroğlu, 2014, S. 387f.

de.[89] Sofern dem fertigen Marzipan Alkohol als Zutat hinzugefügt wird, muss dies im Zutatenverzeichnis aufgeführt werden. Enthält der Marzipan oder die Rohmasse keine weiteren Zutaten wie Rosenwasser oder Aromen kann man i. d. R. davon ausgehen, dass er vollständig alkoholfrei ist. Aromen oder Rosenwasser können als Auszugsmittel Ethanol enthalten. Hier empfiehlt es sich, den Hersteller um genauere Informationen zum Herstellungsprozess zu bitten.

Alkoholfreies Bier

Viele größere Brauereien bieten neben normalem oft auch alkoholfreies Bier oder Malzbier an, um Kunden anzusprechen, die auf Alkohol verzichten müssen oder möchten. Doch sind solche Produkte wirklich vollkommen alkoholfrei?

Alkoholfreies Bier wird auf verschiedene Weise hergestellt. Vor allem zwei Methoden sind verbreitet:

1. Dem durch Gärung entstandenen alkoholhaltigen Bier wird durch Verdampfung der Alkohol wieder entzogen, was jedoch zu geschmacklichen Einbußen führt. Deshalb wird in einem dritten Schritt wieder Alkohol zugesetzt. Übersteigt die zugeführte Menge die Deklarierungsgrenze nicht, darf das Getränk als „alkoholfreies Bier" gekennzeichnet werden.

2. Während der Gärung wird ein sogenannter Vergärungsstopp eingeleitet, wodurch der Gärvorgang unterbrochen wird, bevor ein Alkoholgehalt von 0,5 Volumenprozent erreicht wird.[90]

---

89 Şimşek, 2012a, S. 81

90 Şimşek, 2012a, S. 44

Trotzdem bleibt ein kleiner Rest Alkohol im Getränk erhalten. Nach deutschem Lebensmittelrecht (§ 47 Abs. 3 der Weinverordnung) dürfen solche Getränke als „alkoholfrei“ deklariert werden, solange der Alkoholgehalt unter 0,5 Volumenprozent liegt. Nur Getränke und Lebensmittel, die vollständig frei von Alkohol sind, dürfen die Bezeichnung „ohne Alkohol“ tragen.[91]

Ist der Genuss von alkoholfreiem Bier erlaubt?

Nach Imam Abu Hanifa und Imam Yusuf aus der hanafitischen Rechtsschule gelten alle Alkohole, die aus Trauben und Datteln hergestellt werden, als verboten (haram) und unrein (nadschîs). Nach Imam Muhammed, ebenfalls aus der hanafitischen Rechtsschule, gelten jedoch alle berauschenden Getränke, unabhängig vom Ausgangsstoff, als haram. Die letztere Meinung hat sich in den hanafitischen Rechtsschule durchgesetzt. Auch in der schafiitischen, malikitischen und hanbalitischen Rechtsschule wird diese Ansicht vertreten.[92]

Bezüglich des alkoholfreien Biers ist das European Council for Fatwa and Research (Europäischer Rat für Fatwa und Forschung), in dem muslimische Gelehrte aus 38 verschiedenen Ländern vertreten sind, um Fragen bezüglich des islamischen Rechts zu klären, zu dem Entschluss gekommen, dass alkoholfreies Bier als erlaubt angesehen werden kann, da es keine berauschende Eigenschaft aufweist. Dennoch wird der Konsum als verpönt angesehen.[93]

---

91 alkoholfrei, k. A.

92 Yüksel Cayiroglu, „Alkol Katılan Gıdaların Fıkhi Açıdan Değerlendirilmesi“, S. 93f.

93 Karârât wa Fatâwâ, 2002, S. 52-53

Generell raten die die islamischen Gemeinschaften vom Verzehr von alkoholfreiem Bier ab. Begründet wird dies damit, dass es sich hierbei immer noch um ein Getränk handelt, das sowohl namentlich als auch äußerlich mit Bier assoziiert wird, auch wenn es nicht berauscht.

Der Fatwa-Rat der Islamischen Gemeinschaft Millî Görüş (IGMG) rät, unabhängig von der islamrechtlichen Einstufung davon ab, alkoholfreies Bier zu trinken. Denn einerseits kann durch den regelmäßigen Konsum nach einiger Zeit die Lust auf andere, alkoholhaltige Getränke geweckt werden. Zum anderen entstehen so möglicherweise Zweifel an der inneren Aufrichtigkeit des Konsumenten.

Gleichzeitig wird die Thematik auch von der Diyanet aufgefasst: „Im Islam ist der Verzehr von alkoholischen Getränken untersagt (haram). Alles Berauschende, unabhängig von der Menge, wird als haram eingestuft. Die Herstellung von alkoholfreiem Bier unterläuft dieselbe Prozedur wie normales Bier. Lediglich im letzten Schritt wird der entstandene Alkohol mithilfe von verschiedenen Verfahren wieder entfernt und auf einen bestimmten Prozentsatz runtergesetzt. Jedoch bleibt in diesem Zustand immer noch ein minimaler Alkoholgehalt im Getränk übrig. Des Weiteren ist es aus religiöser Sicht untersagt (haram) verbotene Handlungen auszuführen, aber auch die Vorbereitung, das Unterstützen oder Fördern jener Handlungen ist nicht erlaubt. Schlussfolgernd ist der Konsum von alkoholfreiem Bier nicht erlaubt, da dieses als rituell unrein (nadschîs) gilt und hierdurch die Produktion und der Konsum von Alkohol unterstützt wird.“[94]

---

94 Fatwa der Diyanet (Aufgerufen am 23.02.2023)

Lab

Lab ist ein Gerinnungsenzym, das zur Dicklegung von Milch und für die Käseherstellung eingesetzt wird. Es handelt sich dabei um ein Gemisch aus den Enzymen Chymosin und Pepsin.[95]

Das Lab-Enzym kann sowohl aus tierischen und pflanzlichen Stoffen als auch mikrobiologisch gewonnen werden.

Zwar ist es, gerade bei der Zubereitung traditioneller Spezialitäten, auch möglich, zur Gerinnung Zitronensaft zu verwenden. Dieser gibt dem Produkt jedoch einen charakteristischen Geschmack, weshalb er nicht für die Herstellung aller Käse- und Milchprodukte eingesetzt werden kann.

Lab ist in Deutschland nicht kennzeichnungspflichtig. Herstellerangaben zum Ursprung des Labs sind freiwillig.[96]

Tierisches Lab

Tierisches Lab, auch Naturlab genannt, wird aus dem Labmagen junger Wiederkäuer – meistens Kälber, Schafe oder Ziegen – gewonnen. Dazu wird der Tiermagen gereinigt, getrocknet und zerkleinert. Anschließend wird dem Labmagen das Lab-Enzym (Chymosin und Pepsin) durch eine Extraktionslösung entzogen. Dieses Enzymgemisch spaltet das Kasein (Milcheiweiß) auf, wodurch die Milch eindickt, ohne sauer zu werden.[97]

---

95 Bienerth, k. A.

96 Lebensmittelklarheit, 2016

97 Çayıroğlu, 2014, S. 356

Bereits 20 ml tierisches Lab reichen für die Dicklegung von etwa 100 Litern Milch aus. Deshalb wird weltweit bei etwa 35% aller Käseprodukte tierisches Lab verwendet.[98]

Mikrobielles Lab

Zur Herstellung von mikrobiellem Lab werden die Gerinnungsenzyme aus Schimmelpilzen extrahiert.

Auch eine gentechnische Gewinnung von mikrobiellem Lab ist möglich. Dabei werden die Gene, die bei Kälbern für die Labbildung verantwortlich sind, auf die Schimmelpilze übertragen. Dies steigert den Chymosin-Gehalt, und das nötige Gerinnungsenzym kann aus den Pilzen extrahiert werden. Mikrobielles Lab hat heute bereits einen Marktanteil von mehr als 50%.[99]

Als Nährboden für die zur Herstellung von mikrobiellem Lab notwendigen Pilzkulturen werden üblicherweise stärke- oder zuckerhaltige Gelees eingesetzt, die sowohl aus Gelatine als auch aus pflanzlichen Stoffen gewonnen werden.[100] Die Diyanet stuft mikrobielles Lab trotzdem als rein ein, da von einer vollständigen Zustandsänderung (Istihâla) ausgegangen werden kann, welche die Beschaffenheit der eingesetzten tierischen Stoffe verändert.[101]

---

98 Ökolandbau, 2015

99 Ökolandbau, 2015; Bienerth, k. A.

100 Özoğuz, 2011, S. 60; nagl.netzreport, k. A.

101 Fatwa vom 14.04.2015

Pflanzliches Lab

Auch verschiedene Pflanzenarten enthalten Stoffe, die Milch zum Gerinnen bringen können. Diese Stoffe können aus Labkräutern, Feigen, Papaya oder Artischocken gewonnen werden.

Pflanzliches Lab wird vor allem zur Herstellung bestimmter traditioneller Käsesorten verwendet. Da es jedoch den Geschmack des Käses erheblich beeinflusst, wird pflanzliches Lab in der deutschen Molkereiindustrie kaum eingesetzt.[102]

Süßmolkenpulver

Molke ist eine gelbliche Flüssigkeit, die bei der Käseherstellung entsteht, wenn die Milch gerinnt. Legt man Milch und Lab für die Käseherstellung dick, spricht man von Süßmolke.[103] Molkenpulver und Süßmolkenpulver können also sowohl aus mikrobiellem, tierischem oder pflanzlichem Lab hergestellt werden. Um den Ursprung herauszufinden, sollte den Hersteller kontaktiert werden.

Ist Lab halal?

Pflanzliches, mikrobielles und aus islamkonform geschlachteten Tieren gewonnenes tierisches Lab wird als halal eingestuft. In Bezug auf das Lab nicht halal geschlachteter Tiere bestehen Meinungsunterschiede.[104]

Malikiten, Schafiiten: Für die Mehrheit der Malikiten und Schafiiten ist tierisches Lab von nicht halal geschlachteten

---

102 Ökolandbau, 2015

103 Hug, k. A.

104 Çayıroğlu, 2014, S. 359

Tieren unrein. Die Tierart spielt dabei keine Rolle.[105] Dieses Urteil gründet auf dem Vers: *„Verboten ist euch Verendetes, Blut, Schweinefleisch und dem, worüber ein anderer (Name) als Allah(s) angerufen worden ist [...]"*[106] Auf das Argument, dass auch der Prophet von Nichtmuslimen hergestellten Käse verzehrt hat,[107] antworten sie, dass der dieser nicht danach gefragt hat, woher der Käse stammt und davon ausgegangen ist, dass es von Christen sei.[108]

Hanafiten: Abû Hanîfa stuft tierisches Lab aus verendeten (mayta) oder nicht halal geschlachteten Tieren als rein an,[109] da die Enzyme im Lab nicht sterben, wenn das Tier stirbt. Bei der Beurteilung von Lab spielt also nicht die Schlachtung oder die Religion des Schlachters eine Rolle, sondern vielmehr die Frage, ob das Lab als eigenes Lebewesen beurteilt werden kann oder nicht. Die Blutzirkulation in einem Organ ist das Fundament, um von einem Lebewesen sprechen zu können. Da durch das Lab kein Blut fließt, kann es auch nicht als Lebewesen angesehen werden. Daher kann es nicht „sterben" und somit wäre der Verzehr von Lab erlaubt.[110]

Auch wurde der Käse aus von Zoroastrien bewohnten Städten gespeist, wobei die von ihnen geschlachteten Tiere als „Mayta" (unreines Fleisch) galt. Der Käse wurde mit dem Lab dieser Lämmer und Böcke hergestellt.[111]

---

105 Nawawî, 2011, II, S. 570; Çayıroğlu 2014, S. 360

106 Sure Mâida, 5:3; Al-Munadschid, 1998

107 Abû Dâwûd, 38, 3819

108 Bayhakî, 1344, X, S. 7; vgl. Çayıroğlu, 2014, S. 364

109 Sarahsî, al-Mabsût, XXIV, S. 40-41; al-Dschassâs, Ahkamu'l-Kur'ân, I, S. 378

110 Al-Munadschid, 1998; al-Dschassâs, Ahkamu'l-Kur'ân, I, S. 378

111 Sarahsî, 2008, XXIV, S. 28; Kasânî, 1982, I, 77; Ibn Humam, 2003, I, S. 96-97; vgl. Çayıroğlu, 2014, S. 360

Ibn Umar berichtet: „Dem Gesandten Allahs (s) wurde auf der Tabuk-Reise ein Stück Käse gebracht. Nachfolgend wollte er ein Messer haben und hat anschließend die Basmala aufgesagt und den Käse mit dem Messer geschnitten".[112]

In einer weiteren Überlieferung von Ahmad bin Hanbal wird beschrieben, dass dem Propheten bei einer Reise Käse angeboten wurde. Der Prophet fragte, wo dieser Käse hergestellt wurde. Ihm wurde geantwortet, dass er aus Persien stammt und Verendetes (Mayta) enthält. Daraufhin sagte der Prophet: „Schneidet ihn mit einem Messer und esst davon."[113]

Auch weitere Sahâbis wie die Aischa (r), Umm Salama (r), Umar bin Hattâb (r), Ali ibn Abî Tâlib (r) und Salmân al-Fârisi (r) bestätigten auf Nachfrage, dass es erlaubt ist, den Käse mit einem Messer zu zerschneiden und davon zu essen, nachdem man die Basmala aufgesagt hat.[114]

Ebenso wird der Käse aus tierischem Lab als rein betrachtet, da bei der Käseherstellung nur eine geringe Menge Lab mit viel Milch vermischt und somit die Unreinheit des Labs aufgehoben wird. Des Weiteren wird die vollständige Zustandsänderung (Istihâla) des Labs beachtet, da sich die ursprüngliche Beschaffenheit verändert, wenn aus dem Lab Käse hergestellt wird.[115]

---

112 Abû Dâwûd, 3819

113 Musnad, III, 503, (2755); Yalçın, 2016, https://dergipark.org.tr/tr/download/article-file/338127

114 Ibn Abî Schayba, 2006, XII, S. 366-377; Abdurrazzâk, 1983, IV, 538; Bayhakî, 1344, X, S. 6-7; Tabarâni, 1983, III, S. 63; vgl. Çayıroğlu, 2014, S. 357f.

115 Rafis, 2009, S. 390; vgl. Çayıroğlu, 2014, S. 361

Der Rechtsgelehrte Abd an-Nasîr Abul Basal argumentiert in Bezug zu diesem Thema, dass Lab im Gegensatz zu Fett und Fleisch ein anderer Stoff sei, sodass man es in diesem Kontext nicht mit den Beschlüssen von Fett und Fleisch, sondern mit Milch vergleichen müsse.[116]

Hanbaliten: Imam Ahmad, auf dem die hanbalitische Rechtsschule zurückzuführen ist, vertritt bezüglich tierischem Lab aus nicht halal geschlachteten Tieren, zwei verschiedene Meinungen. Gemäß einer seiner zwei Meinungen ist er auch der Ansicht wie Abu Hanifa und stuft das tierische Lab als rein an. Nach seiner anderen Meinung stuft er das tierische Lab wie Imam Malik und Imam Schafii als unrein an.[117]

Zusammenfassend kann man sagen, dass tierisches Lab aus nicht halal geschlachteten Tieren unterschiedlich bewertet wird und beide Ansichten auf den Überlieferungen der Sahâbis basieren. Die erste Gruppe bezieht sich darauf, dass zahlreiche Überlieferungen des Propheten vorhanden sind, in denen er den Konsum von Käse mit tierischem Lab aus einer nicht-halal Quelle erlaubt und die Sahâbis Käse von Zoroastrier gegessen haben. Die zweite Gruppe stützt sich auf Überlieferungen, wonach die Sahâbis nur jenen Käse gegessen haben, bei dem sie davon ausgegangen sind, dass dieser von Christen stammt. Jeder muslimische Verbraucher sollte demnach selbst entscheiden, ob er tierisches Lab verzehren möchte und gegebenenfalls einen Gelehrten aufsuchen und sich bei ihm erkundigen.

116 Rafis, 2009, S. 390; vgl. Çayıroğlu, 2014, S. 361

117 Al-Munadschid, 1998

L-Cystein (E920/E921)

L-Cystein ist ein Lebensmittelzusatzstoff, der in der Lebensmittelbranche als Mehlbehandlungsmittel zur Verbesserung der Elastizität und Knetfähigkeit des Teiges sowie zur Beschleunigung des Backvorgangs verwendet wird.[118]

Herstellung

Cystein ist eine Aminosäure, die in pflanzlichen Proteinen und Keratin, das auch in menschlichen Haaren und Nägeln zu finden ist, vorkommt. In der Lebensmittelchemie wird Keratin mithilfe von Salzsäure aus Hörnern, Haaren, Schweineborsten und Federn herausgelöst. Auch eine synthetische Erzeugung ist möglich.[119] Seit dem 1. April 2001 ist die Gewinnung von Cystein aus Menschenhaaren in der EU rechtlich untersagt.[120]

Die Annahme, dass Cystein im Mehl enthalten ist, ist falsch. Da Cystein erst bei der Herstellung von Teig eingesetzt wird, ist es in reinem Mehl nicht enthalten.

Verwendung

Cystein ist in Europa als Lebensmittelzusatzstoff (E920 und E921) zugelassen. Als Mehlbehandlungsmittel kann es vor allem in Backwaren wie Brot, Brötchen oder fertigem Yufka-Teig vorkommen.[121] Auch bei der Herstellung von Salzgebäck wird Cystein gelegentlich verwendet. Des

118 Lebensmittellexikon, k. A.

119 Lebensmittellexikon, k. A.

120 Drösser, 2001.

121 Özoğuz, 2011, S. 68

Weiteren ist es in u. a. Kosmetikartikeln und Arzneimitteln enthalten.

L-Cystein muss als Zusatzstoff deklariert werden, da es „eine Funktion bei der Herstellung des Endproduktes ausübt und dadurch die Qualität des fertig gebackenen Produktes beeinflusst.“[122] Diese Rechtsvorschrift wird allerdings von den Herstellern unterschiedlich ausgelegt, weshalb eine Kennzeichnung dieses Zusatzstoffes nicht gewährleistet ist.[123] Falls ein Produkt, welches in den Zutaten L-Cystein enthält, als vegetarisch oder vegan ausgelobt ist, kann man davon ausgehen, dass das eingesetze Cystein synthetischen Ursprungs ist.

Ist Cystein halal?

Synthetisch hergestelltes Cystein (E920/E921) gilt als unbedenklich. Aus tierischem Gewebe (z. B. Schweineborsten) gewonnenes Cystein ist zum Verzehr nicht erlaubt, solange kein Halal-Ursprung ausgewiesen ist.[124]

Cystein ist nicht zwangsläufig in allen Backwaren enthalten und muss auch nicht immer tierischen Ursprungs sein. Eine genaue Aufstellung der jeweiligen Zutaten kann beim Hersteller oder Bäcker angefragt werden. In Europa wird überwiegend Cystein synthetischen Urpsrungs verwendet. Der Einsatz von tierischem Cystein findet in der Praxis kaum statt.

---

122 Verbraucherzentrale, 2015

123 Verbraucherzentrale, 2015

124 Dschassâs, Ahkâmu'l´Kur'ân, I, S. 340; Şenol, Kur'an Ve Sünnet Işığında Helal Gıda, S. 193

Karmin (E120)

Das leuchtend rote Karmin (E120), auch bekannt als echtes Karmin, Karminsäure oder Cochenille, ist der einzige Farbstoff tierischen Ursprungs. Er wird aus weiblichen Schildläusen extrahiert.[125]

Cochenille-Schildläuse leben auf einer bestimmten mittelamerikanischen Kaktusart. Sie werden hauptsächlich in Mexiko auf Plantagen gezüchtet und eingesammelt.[126] Um Karminsäure zu gewinnen, werden die weiblichen Läuse erst in Essig gewaschen, getrocknet und ausgekocht. Anschließend wird die feste Karminsäure mit Aluminiumsalzen auskristallisiert und es entsteht der rote Farbstoff Karmin.[127] An dieser Stelle muss betont werden, dass nicht das Blut der Läuse die rote Farbe erzeugt, sondern die Karminsäure, die im Körper der Laus produziert wird[128] Zur Herstellung von einem Kilogramm echtem Karmin werden etwa 140 Tausend Schildläuse benötigt. Eine synthetische Erzeugung ist ebenfalls möglich; der so gewonnene Stoff wird als Cochenillerot A (E124) bezeichnet.[129]

In der Lebensmittelindustrie wird Karmin häufig zur Färbung von Süßigkeiten, Speiseeis, Wurst, Backartikeln, Fruchtsäften, Energy-Drinks usw. eingesetzt. Auch in der Kosmetik- und Arzneimittelindustrie wird es als Farbstoff (z. B. zum Färben von Lippenstiften) verwendet.

---

125 Das-ist-drin, k. A.

126 Şimşek, 2012, S. 89

127 Zusatzstoffe-online, 2010

128 Çayıroğlu, 2014, S. 367

129 Şimşek, 2012, S. 89-92

In Lebensmitteln enthaltenes Karmin muss auf der Zutatenliste entweder unter seinem Namen oder mit seiner E-Nummer angegeben werden,[130] da es bei empfindlichen Personen Pseudoallergien, Hautausschlag, Hyperaktivität, Asthma, Schlafstörungen, Atemwegsbeschwerden oder Sehstörungen auslösen kann.

Die maximale Tagesdosis (ADI-Wert)[131] von Karmin liegt bei 5 mg pro Kilogramm Körpergewicht.[132] Alternativ zu echtem Karmin können synthetisch hergestelltes Cochenillerot A (E124), Rote-Beete-Saft oder Alkannin (ein Farbstoff aus der Alkanninwurzel) verwendet werden.[133] Zum Färben von Cola wird entgegen einer verbreiteten Meinung kein Karmin, sondern der Lebensmittelfarbstoff E150d (Zuckerkulör) eingesetzt.[134]

Ist Karmin halal?

In den vier Rechtsschulen wird der Verzehr von Insekten unterschiedlich bewertet. Da es sich bei der Gewinnung von Karmin um ein Bestandteil aus dem Körper eines Insektes handelt, werden in diesem Abschnitt die klassischen Beurteilungen der Rechtsschulen zum Verzehr von Insekten, aber auch zeitgenössische Rechtsgutachten von muslimischen Organisationen zum Konsum von Karmin wiedergegeben.

---

130 Şimşek, 2012, S. 90

131 Der ADI-Wert gibt die Menge eines Stoffs an, die täglich ohne gesundheitliche Risiken verzehrt werden kann.

132 Zusatzstoffe-online, 2010

133 Peta, 2013

134 Şimşek 2012, S. 91

Malikiten: Nach der Beurteilung der malikitischen Gelehrten gilt Karmin als halal, da es keinen eindeutigen Beweis (Offenbarungstext) im Koran und in der Sunna eines Verbotes von Insekten gibt. Dabei stützen sie sich auf folgenden Hadith: *„Von Milkâm bin Tâlib wird überliefert: ‚Ich war mit dem Gesandten Allahs befreundet und habe an seinen Gesprächen teilgenommen, jedoch habe ich nicht mitbekommen, dass er den Verzehr von Insekten verboten hat.'"*[135]

Die Fatwa-Räte der Islamischen Gemeinschaft Millî Görüş (IGMG) und der Diyanet erklären, dass Karmin nicht als haram eingestuft werden kann, solange der Verzehr keine negativen gesundheitlichen Auswirkungen hat. Die Räte begründen ihre Einschätzung wie folgt:

- ◇ Karmin wird nicht aus dem Blut, sondern aus der im Körper der Läuse gebildeten Karminsäure gewonnen.
- ◇ Aufgrund der chemischen Verfahren im Produktionsprozess findet eine vollständige Zustandsänderung (Istihâla) statt, wodurch sich der Ausgangsstoff in eine neue und reine Substanz verwandelt.
- ◇ Was als ekelhaft empfunden wird (s. Ansicht der hanafitischen und schafiitischen Rechtsschule), kann sich je nach Kultur und Tradition völlig unterscheiden. Als Beispiel kann eine Überlieferung von Ibn Abbâs (r) herangezogen werden, in der es um den Verzehr von Eidechsen geht. Als dem Propheten und dem Gefährten Hâlid bin Walîd (r) gebratene Eidechsen angeboten wurden, zog der Prophet seine Hand vom Essen und aß sie nicht. Daraufhin wollte Hâlid bin Walîd (r) wis-

---

135 Abû Dâwûd, A'tima, 30; Çayıroğlu, 2014, S. 368

sen, ob sie denn haram seien. Der Prophet antwortete: „Nein, allerdings werden bei uns keine Eidechsen verzehrt, sodass ich mich davor ekele." So aß nur Hâlid bin Walîd (r) davon.[136]

Hanafiten, Hanbiliten und Schafiiten: Da sie Insekten zu der Gruppe der Habais zählen, verbieten sie den Verzehr „ekelerregender" Insekten wie beispielsweise Läusen. Deshalb stufen sie das echte Karmin als makruh (verpönt) ein. [137]

Einige andere Gelehrte schließen sich den Malikiten an und bewerten Karmin aufgrund der vollständigen Zustandsänderung der Laus als halal.

Über die Einstufung von echtem Karmin besteht unter den Gelehrten kein Konsens. Jeder muslimische Verbraucher muss demnach selbst entscheiden, ob er Karmin verzehren möchte oder nicht, und sich ggf. mit einem Gelehrten seines Vertrauens beraten. Da Karmin überdies im Verdacht steht, Allergien auszulösen, sollten gesundheitlich beeinträchtige Menschen Alternativen vorziehen.

Schellack (E904)

Schellack ist eine natürliche, harzige Substanz, die aus den Ausscheidungen der Lackschildläuse gewonnen und als Überzugsmittel in Lebensmitteln verwendet wird.[138]

---

136 Buhârî, Zabâih, 33; Muslim, Sayd, 44

137 Gazâlî, 2002, II, S. 93; Çayıroğlu, 2014, S. 369

138 das-ist-drin, k. A.

Herstellung

Lackschildläuse ernähren sich von Pflanzensäften bestimmter Baumarten wie Pappelfeigen, Maulbeerbäumen und Birken. Sie stechen den Baum an und nehmen Phloemsaft, den sie dann wieder ausscheiden. Diese Ausscheidungen dienen als Schutzblase für das Wachstum der Läuse. Wenn sich die Läuse nach einiger Zeit wieder aus dieser Harzblase herausbohren, bleiben die Harzabscheidungen zurück. Diese können von den Ästen und Zweigen abgekratzt, gewaschen, gemahlen und in der Sonne getrocknet werden.[139]

Für die Herstellung von 1 Kilogramm Schellack werden etwa 300.000 Lackschildläuse benötigt.[140]

Verwendung

In der Lebensmittelindustrie wird Schellack als Überzugsmittel von Süßwaren, Schokolade, Kaffeebohnen, Nüssen und einigen Nahrungsergänzungsmitteln eingesetzt. Auch frische Zitrusfrüchte, Äpfel, Birnen und Melonen können zur besseren Feuchtigskeitsspeicherung mit Schellack behandelt werden. Auf diese Weise behandelte Früchte müssen den Hinweis „gewachst“ tragen.[141]

Ist Schellack halal?

Da bei Schellack ein Bestandteil eines Insekts als Grundstoff fungiert, wird dieser Zusatzstoff von Gelehrten un-

---

139 Özoğuz, 2011, S. 63

140 Şimşek, 2012, S. 126

141 das-ist-drin, k. A.

terschiedlich bewertet. Nach der überwiegenden Meinung wird der Verzehr von Schellack als erlaubt angesehen, da eine Analogie zur Honigproduktion der Bienen hergestellt wird.[142] Die Tatsache, dass beim Abkratzen des Harzes auch Insektenbestandteile mitgenommen werden können, stellt somit kein Problem dar, da auch beim Bienenstock Bestandteile der Biene in den Honig gelangen. Auch hier ist der Verzehr von Bienen nicht erlaubt, jedoch gilt der Konsum von Honig als halal.[143] Nach der malikitischen Rechtsschule wird der Verzehr von Insekten als halal bewertet. Daher kann hier kein grundsätzliches Verbot vorliegen. Ein wichtiger Unterschied zu Karmin ist, dass bei der Herstellung von Karmin das Insekt selbst ausgekocht und die Karminsäure aus dem Körper der Laus entnommen wird. Bei der Herstellung von Schellack wird jedoch das ausgeschiedene Sekret des Insekts als Grundstoff verwendet.[144]

Die Fatwa-Räte der Diyanet[145] und der IGMG[146] stufen den Verzehr von Schellack ebenfalls als halal ein, solange dies keine negativen gesundheitlichen Auswirkungen hat. Es gibt jedoch auch die Ansicht, dass die Ausscheidung von Tieren abhängig von der halal-konformität ist. Demnach gelten alle Ausscheidungen von Insekten zum Verzehr verboten (verpönt). Dies wird unter anderem damit begründet, dass Insekten als ekelerregend bewertet werden. Auch nach

142 Özoğuz, 2011, S. 63

143 Şimşek, Murat, Helal Belgelendirme ve SMIIC Standardı, 2013, S. 41 (in: İslam Hukuku Araştırmaları Dergisi)

144 Gültekin, F., Çeker, O., Elgün, A., Gürbilek, M., Şimşek, M., Oral, R., Köse, S., Türker, S., Döndüren, H., Ünaldı, M., Küçüköner, E., Yetim, H., Aydın, A., Dede, B., Özmen, İ., Başayiğit, L., Cengiz, M., Tilki, T. & Akın, S. (2020). Evaluation of Food Additives in Terms of Istihalah. Journal of Halal Life Style, 2(1), S. 3.

145 Fatwa der Diyanet, ausgestellt am 24.10.2014

146 https://eurohalal.eu/wp-content/uploads/2021/03/SCHELLACK.pdf

den Halal-Standards des SMIIC (Standards and Metrology Institute for Islamic Countries) erhalten Produkte mit Schellack kein Halal-Zertifikat.[147]

Außerdem ist es möglich, Schellack in Ethanol zu lösen. Im Kapitel „Alkohol als Lösungsmittel" wurden die Bewertungen der Gelehrten detailliert erläutert.

Gelatine

Gelatine, auch Speisegelatine genannt, ist ein Bindemittel, das überwiegend aus dem in Häuten, Knochen und Knorpeln von Tieren (Schweinen, Rindern, Fischen, Hühnern) enthaltenen Eiweiß Kollagen gewonnen wird.[148] Diese werden aufgekocht und anschließend mit Säure behandelt. Die fertige Gelatine besteht etwa zu 86% aus Kollagen, zu 11% aus Wasser und zu 3% aus mineralischen Stoffen.

Da Pflanzen kein Kollagen enthalten, ist eine Herstellung auf pflanzlicher Basis nicht möglich. Man kann bei Gelatine daher immer von einem tierischen Ursprung ausgehen. Da sie heute wie Zucker und Mehl als Zutat anerkannt ist, und nicht mehr als Zusatzstoff anerkannt wird, muss Gelatine auch stets unter diesem Namen und darf nicht mehr wie früher als „E441" deklariert werden.[149] Das bedeutet, dass für Gelatine keine E-Nummer mehr vorgesehen ist.

---

147 OIC/SMIIC 24:2020

148 Döndüren 2010, S. 23; Yetim 2011, S. 86; Fetâvâ, 2015, S. 69

149 Şimşek, 2011, S. 237-243; Şimşek, 2012, S. 70-71; Küçüköner, k. A.; Boran 2011, S. 100; Çayıroğlu, 2014, S. 347

Herstellung

Zunächst werden die zur Herstellung benötigten Knochen oder Tierhäute mithilfe von Säuren gereinigt und anschließend das Kollagen extrahiert. Durch weitere physikalische und chemische Verfahren, wie z. B. Wärmebehandlung, Filtration, Sterilisation, Verdampfung, Trocknung und Zerkleinerung, wird verkaufsfertige Gelatine erzeugt.[150]

Verwendung

Gelatine wird sowohl in der Lebensmittelherstellung als auch in der Kosmetik- und Pharmaindustrie eingesetzt. Sie dient als Binde- und Geliermittel in Gelees, Pudding, Torten, Frischkäse, Süßwaren oder zur Klärung von Fruchtsäften oder Wein. Etwa 20 g Gelatine reichen aus, um 1 Liter Flüssigkeit zum Gelieren zu bringen.

Die in Europa verwendete Gelatine wird zu 80% aus Schweineschwarte, zu 10% aus Rinderkollagen und zu 10% aus Fischgräten hergestellt. Die weltweite Produktion steigt aktuell stetig an.[151]

Ist Gelatine halal?

Das zur Herstellung von Gelatine verwendete Kollagen wird im Verarbeitungsprozess chemisch verändert. Trotzdem gibt es verschiedene Meinungen darüber, ob a) tatsächlich eine vollständige Zustandveränderung (Istihâla) stattfindet und b), ob die Tierart, von der das Kollagen

150 Boran, 2011 S. 98-100; Yetim, 2011, S. 86; Şimşek, 2012, S. 75; Sakr und Büyüközer, 2011a, S. 27 f., S. 60 ff.; Büyüközer, 2011b, S. 65 ff.; Çayıroğlu, 2014, S. 347

151 GME, 2016; Çayıroğlu, 2014, S. 349

stammt, eine Rolle für die Einstufung von Gelatine spielt.[152] Grob lassen sich drei Ansichten unterscheiden:

1. Ansicht: Grundsätzlich verboten, trotz Istahâla bei Schweinegelatine

Wird das Kollagen aus Schweineknochen, -häuten usw. gewonnen, ist die Gelatine in jedem Falle unrein, denn das Schwein ist grundsätzlich eine schwere „Nadschasa" (Unreinheit). Sein Fleisch darf nur in lebensbedrohlichen Ausnahmesituationen verzehrt werden.[153] Es gilt die Regel, dass ein Produkt, das aus einem unreinen Grundstoff gewonnen wurde, ebenfalls haram ist, auch wenn eine Istihâla stattgefunden hat. Des Weiteren stehen heutzutage viele pflanzliche Geliermittel zur Verfügung, z. B. Agar-Agar, Johannisbrotkernmehl oder Fischgelatine, sodass man nicht gezwungen ist, herkömmliche Gelatine zu benutzen.

Das Verbot der Verwendung von Schweinebestandteilen stützt sich neben dem erwähnten Koranvers auch auf folgende Überlieferung: „Am Tag der Eroberung Mekkas verkündete der Prophet Muhammad (s) das Verbot von Berauschendem und totem Fleisch, worauf die Sahâbis fragten: ‚O Gesandter Allahs, was denkst du über das Fett von verendetem Tier, das für das Abdichten von Schiffen und für die Lampen benutzt wird?' Der Prophet untersagte strikt die Verwendung solcher Fette."[154] Zu den Vertretern dieser ersten Ansicht gehören die saudische Fatwa-Kommission, der Internationale Rat für islamisches Recht in

152 Yetim, 2011, S. 88 ff.; Çayıroğlu, 2014, S. 349f.

153 Vgl. Sure Mâida, 5:3

154 Buhârî, II, 779; Fetâvâ, 2015, S. 70

Dschidda und der Gelehrte Abdulfettag Idris.[155] Auch Abû Yûsuf aus der hanafitischen Rechtsschule, Imam Schafiî und Gelehrte aus der hanbalitischen Rechtsschule erkennen eine Istihâla beim Schwein als Ausgangsstoff nicht an.[156]

Zusammenfassend kann man sagen, dass unter den vier Rechtsschulen ein Konsens darüber besteht, dass eine Produktion aus Schweinederivaten grundsätzlich als haram gilt.[157] Denn das Schwein besitzt in der islamischen Jurisprudenz keinen wirtschaftlichen Wert. Dies bedeutet, dass es untersagt ist, wirtschaftlichen Handel mit dem Schwein zu betreiben oder ein Schwein in eigenen Besitz zu nehmen usw. Für einen muslimischen Hersteller ist es grundsätzlich nicht erlaubt, Schweinegelatine zu verwenden.

2. Ansicht: Eingeschränkt erlaubt, da Istihâla nicht anerkannt

Da sich die in der Gelatine enthaltenen Aminosäuren nur zu etwa 5% von denen des Kollagens unterscheiden, kann nicht von einer vollständigen Zustandänderung ausgegangen werden. Die aus dem Gewebe nicht halal geschlachteter Tiere gewonnene Gelatine bleibt damit haram.[158] Je nach Qualität des Produkts lässt sich zuweilen tierische DNA in der Gelatine nachweisen, was ebenfalls Diskussionen unter den Gelehrten auslöst.[159]

---

155 Fetâvâ Lecne ed-Dâime, S. 281; Fetâvâ, 2015, S. 71

156 Ibn Humâm, Fath al-Kadîr, I, 202; Kâsânî, Badâi as-Sanaî, I, 85; Nawawî, al-Madschmu', II, 579; Dardîr, Hâschiya ad-Dusûki, I, 57; Âsimî, Hâschiya ar-Ravdil Murbi', I, 349-350; vgl. Çayıroğlu, 2014, S. 316

157 Çayıroğlu, 2014, s. 316

158 Şimşek, 2012, S. 71 f.; Çayıroğlu, 2014, S. 351

159 Özoğuz, 2011, S. 57

Anfang 2002 führte die Zertifizierungsstelle Halal Control eine PCR-gestützte Analyse von Haribo-Produkten und den Gummibärchen der Einzelhandelskette Penny durch, bei der Schweine-DNA nachgewiesen werden konnte.[160] Das EHZ kam in seiner Laboranalyse eines Haribo-Produkts und reiner Gelatine zum gleichen Ergebnis. Ahmed Sakr vergleicht den Umwandlungsvorgang von Kollagen zu Gelatine mit der Denaturierung von Eiweiß beim Kochen eines Eis. Er schreibt: „Beim Kochen geht das Ei vom flüssigen in den festen Zustand über, d. h. die physikalischen und chemischen Eigenschaften ändern sich. Trotzdem können wir Eiweiß und Eigelb noch voneinander unterscheiden. Dadurch wird ersichtlich, dass die Proteine immer noch dieselben Aminosäuren enthalten. Lediglich die Wasserstoff-Bindungen haben eine andere Struktur angenommen, sodass flüssige zu fester Materie geworden ist.“[161]

Eine ähnliche Ansicht in Bezug auf die Zustandsänderung der Gelatine vertreten unter anderem die MUI, die Diyanet, Ahmet Akgündüz, Ahmad Abdurrazzâk ad-Duways und Hamdi Döndüren.[162] Sie kommen zu dem Schluss, dass bei der Herstellung von Gelatine nur eine teilweise Änderung stattfindet, wesentliche Eigenschaften des Ausgangsmaterials jedoch erhalten bleiben. Deswegen ist der Verzehr von Gelatine, die aus dem Kollagen nicht halal geschlachteter Tiere gewonnen wurde, abzulehnen. Als Alternative bieten sich pflanzliche Geliermittel, Fischgelatine oder Gelatine an, die aus halal geschlachteten Tieren erzeugt wurde.[163]

160 Halal Control, 2002

161 Sakr, 2011, S. 53; Çayıroğlu, 2014, 353

162 Akgündüz, 2008, S. 36 f.; Duways 1424, S. 260; Döndüren, 2011, S. 114

163 Çayıroğlu, 2014, S. 354f.

3. Ansicht: Immer erlaubt, da Istihâla anerkannt

Laut den Vertretern der dritten Gruppe ist der Verzehr von Gelatine erlaubt, da durch lebensmittelchemische Analysen eine vollständige Zustandsänderung nachgewiesen werden konnte. 2009 legten Lebensmittelchemiker und Pharmazeuten einen Bericht vor, demzufolge während der Herstellung von Gelatine, Käse und Konservierungsstoffen eine vollständige Zustandsänderung statfindet.[164] Gleichzeitig ist es nicht möglich, anhand des Endprodukts auf die Tierart zu schließen, aus deren Kollagen die Gelatine gewonnen wurde.[165] Der Produktionsprozess ist daher mit der Essigherstellung aus Wein vergleichbar, bei der aus dem Wein ein neues Produkt, nämlich Essig, entsteht.[166]

Zu den Vertretern dieser Ansicht gehören Yûsuf al-Kardâwî, Muhammad al-Hawari, Hayrettin Karaman, Faruk Beşer und Nezih Hammâd.[167] Auch die Al-Azhar Universität, der Internationale Rat für islamisches Recht in Dschidda,[168] der Europäische Rat für Fatwa und Forschung u. a. haben sich in ihren Rechtsgutachten dieser Auflassung angeschlossen.

Die IGMG und das EHZ haben bis vor sechs Jahren Rindergelatine aus nicht halal geschlachteten Rindern aufgrund der Istihâla als halal zertifiziert. Mittlerweile vertreten sie einen neuen Standpunkt. Das EHZ zertifiziert nur noch jene Gelatine, die aus halal geschlachteten Rindern

---

164 Karaman, 2009

165 Hammâd, 2011, S. 72; Çayıroğlu, 2014, S. 350

166 Abû Zayd, 2005, S. 252

167 Fatawâ, Madschmûa al-Ûlâ, 1999, S. 70; Fetâvâ, 2015, S. 73; Karaman, 2010; Beşer, 2011; Hammâd, 2011, S. 20f.

168 Fetâvâ, 2015, S. 72 f.

stammt. Als Grund dieser Änderung geben sie an, dass es bis vor Kurzem noch kein Angebot für Gelatine, die von halal geschlachteten Rindern stammt, vorhanden war.

Mittlerweile gibt es jedoch allein in der Türkei mindestens zwei Hersteller, die Gelatine von Rindern anbieten, die nach islamischem Ritus geschlachtet werden. Da nun Alternativen vorhanden sind, hat sich das EHZ dazu entschieden, die sicheren Optionen zu bevorzugen und nur noch dieser Gelatine ein Halal-Zertifikat auszustellen.

Fazit

Die Frage, ob bei der Herstellung von Gelatine eine vollständige Zustandsänderung erfolgt, kann nicht eindeutig beantwortet werden. Das jeweilige Ergebnis hängt vorwiegend von der Qualität des Produktes ab. Das breite Spektrum der Gelehrtenmeinungen führt dazu, dass einige Zertifizierungsstellen auch Gelatine als halal kennzeichnen, die aus dem Kollagen von nicht nach islamischem Ritus geschlachteten Tieren gewonnen wurde. Da inzwischen zahlreiche pflanzliche Alternativprodukte zur Verfügung stehen, empfiehlt es sich, auf diese zurückzugreifen, oder im Zweifelsfall die genauen Zertifizierungskriterien anzufragen.

Filtrationsmethoden

Filtration mit Gelatine

Fruchtsäfte werden oftmals mit Gelatine geklärt. Gelatine bindet die im Saft enthaltenen Fruchttrübstoffe, die dann absinken und entfernt werden können. Die Methode ist einfach und kostengünstig, und wird deshalb von zahlreichen

Herstellern bevorzugt.[169] Wird Gelatine als Verarbeitungshilfsstoff (etwa zur Klärung von Säften) genutzt, besteht nach der EU-Öko-Verordnung keine Kennzeichnungspflicht.[170]

Eine Anfrage des EHZ bei ca. dreißig Fruchtsaftherstellern zeigte, dass 50% dieser Hersteller Schweinegelatine zur Filtration einsetzen. Gegenwärtig steigen jedoch zahlreiche Hersteller auf vegetarische Alternativen um, die im Folgenden vorgestellt werden.

Falls ein Getränk mit einem „vegetarisch/vegan"-Label gekennzeichnet ist, kann man davon ausgehen, dass es nicht mit Gelatine geklärt wurde.

Filtration mit Kieselgur

Die dem Fruchtsaft oder einer anderen Flüssigkeit beigemischte Kieselgur bindet bestimmte Stoffe, die dann aus der Flüssigkeit herausgefiltert werden können. Anschließend wird auch die Kieselgur aus der Flüssigkeit entfernt. Es kann jedoch vorkommen, dass nicht alle Trübstoffe vollständig entfernt werden. Um einer Verunreinigung vorzubeugen, wird inzwischen immer häufiger eine Kieselgur eingesetzt, die nur einmal zur Filtration eingesetzt werden kann, sodass eine Mischproduktion verhindert wird.[171]

Ultrafiltration/Membranfilter

Bei diesem Verfahren wird der Fruchtsaft mit Druck durch die Poren einer Membran gepresst und so gefiltert. Der

169 Özoğuz, 2011, S. 79

170 biofair-vereint, k. A.

171 Özoğuz, 2011, S. 79

Membranfilter wird derzeit eher von Großbetrieben und Herstellern von Markenprodukten eingesetzt.[172]

Filtration mit Keramikfilter

Bei dieser Methode wird die Flüssigkeit in einen Keramikfilter gepresst. Die Poren des Filters fangen die Trübstoffe auf und verhindern, dass sie in die Flüssigkeit gelangen. Allerdings muss der Filter nach einer bestimmten Zeit von den Trübstoffpartikeln gereinigt werden; eine vollständige Reinigung kann dabei nicht garantiert werden.[173]

Fisch und Meeresfrüchte

Meerestiere müssen, anders als Großvieh und Geflügel, nicht halal geschlachtet werden. Der Prophet sagte: *„Gewiss Allah hat die Lebewesen, die im Meer leben, für die Menschen geschlachtet.“*[174]

Der Genuss aller im Wasser lebenden essbaren Tiere und Pflanzen ist uneingeschränkt erlaubt. Im Koran heißt es dazu: *„Euch ist erlaubt, alle Wasserlebewesen zu fangen, zu essen und zu genießen.“*[175] *„Und die beiden Gewässer sind nicht gleich: Dieses (ist) wohlschmeckend, süß und angenehm zu trinken, und das andere (ist) salzig, bitter. Und aus den beiden esset ihr zartes Fleisch.“*[176]

---

172 Strassburger Filter, k. A.

173 Özoğuz, 2011, S. 78

174 Dârakutnî, Sunan, IV, S. 267; Ali al-Muttakî, Kanz al-Ummâl, XV, S. 278 (40980)

175 Sure Mâida, 5:96

176 Sure Fâtir, 35:12

Die Gelehrten aller Rechtsschulen sind sich darüber einig, dass alle Fischarten halal sind. Auch sind beim Fang keine besonderen Vorschriften zu beachten. Es ist keine rituelle Schlachtung notwendig und es spielt auch keine Rolle, ob die Tiere von einem muslimischen Fischer gefangen wurden.

Der Überlieferung nach sagte der Prophet: „*Das Wasser des Meeres ist rein, das Tote (Mayta) aus ihm halal.*" Dieser Hadith weist darauf hin, dass Fische auch dann als rein gelten, wenn sie bereits tot aus dem Wasser gezogen wurden.[177] In einer weiteren Überlieferung heißt es: „*Uns wurden zwei Mayta erlaubt: der Fisch und die Heuschrecke.*"[178]

Lediglich in der hanafitischen Rechtsschule gilt die Voraussetzung, dass der Fisch lebend gefangen werden muss. Die Gelehrten der Hanafiya gehen davon aus, dass tot auf dem Wasser treibende Fische höchstwahrscheinlich an einer Krankheit oder durch Vergiftung verendet und deshalb nicht halal sind.[179] Dabei beziehen sie sich auf einen von Dschâbir ibn Abdullâh überlieferten Hadith: „*Iss (allein) von dem nicht, was im Meer (ohne einen äußeren Einfluss gestorben und) an die Wasseroberfläche gestiegen ist.*"[180]

An dieser Stelle muss unbedingt erwähnt werden, dass Fangmethoden wie z. B. Dynamitfischerei aus islamischer Sicht strengstens untersagt sind, da sie große Umweltschäden anrichten. Durch den Druck der Explosion platzt die Schwimmblase der Fische, das Gewebe reißt und die

177 Abû Dâwûd, Tahâra, 41; Tirmizî, Tahâra, 52; Ibn Mâdscha, Tahâra, 38; Nasâî, Tahâra, 46

178 Ibn Mâdscha, Sayd, 9

179 Ali al-Kârî, Fathu Bâb al-Inâya, III, S. 69; Kâsânî, Badâi as-Sanâî, V, S. 36; Sarahsî, al-Mabsût, XI, S. 247; Çayıroğlu, 2014, S. 164

180 Abû Dâwûd, At'ima, 35; Ibn Mâdscha, Sayd, 17; Çayıroğlu, 2014, S. 165

inneren Organe werden verletzt. Die toten und verletzten Fische steigen an die Meeresoberfläche und müssen von den Fischern nur noch eingesammelt werden. Zudem werden Lebensräume wie Korallenriffe, ein Rückzugsort vieler Fischarten, durch die Druckwelle ebenfalls zerstört. Durch Überfischung und die Zerstörung ihres Lebensraums sind zahlreiche Fischarten inzwischen akut vom Aussterben bedroht. Dynamitfischerei ist zwar weltweit untersagt, wird jedoch in einigen Ländern, wie z. B. auf den Philippinen, in Indonesien oder Papua-Neuguinea, illegal betrieben.[181]

Sind Meeresfrüchte halal?

Zur Beurteilung dieser Thematik werden folgende zwei Koranverse herangezogen: *„Erlaubt sind euch die Jagdtiere des Meeres und (all) das Essbare aus ihm als eine Versorgung für euch und für die Reisenden.“*[182] *„Und die beiden großen Gewässer sind nicht gleich. Das eine ist süß, frisch und angenehm zu trinken, und das andere ist salzig und bitter. Aus beiden eßt ihr jedoch frisches Fleisch und holt Schmucksachen, die ihr tragt.“*[183]

Basierend auf diese Verse stuft die malikitische, schafiitische und hanbalitische Rechtsschule alle Tiere, die im Wasser leben, als halal ein.[184] Die Hanafiten unterscheiden bei den Wassertieren jedoch zwischen Fischen und allen weiteren Wassertieren, da sie folgenden Hadith als eine Eingren-

---

181 Salvati, 2016

182 Sure Maida, 5:96

183 Sure Fâtir, 35:12

184 Schirbinî, Mugnil-Muhtâdsch, 4/297; Ibn Kudame, el-Mugnî, 11/85; vgl. Cayiroglu, 2014, s. 165

zung der oben genannten Verse ansehen: *„Uns wurden zwei Mayta erlaubt: der Fisch und die Heuschrecke."*[185]

Basierend auf dieser Überlieferung vertreten die Hanafiten die Ansicht, dass nur Fische als halal gelten.[186] Sie sehen den Verzehr aller weiteren Meerestiere, darunter Krabben, Tintenfische, Garnelen, Shrimps, Muscheln usw. als nicht erlaubt (makruh tahrim) an. Ein weiteres Argument der Hanafiten ist, dass sie diese Tiere zu der Gruppe der Habâis zählen. Die Hanafiten beziehen sich dabei auf folgenden Koranvers: *„[...] und (er) wird ihnen die guten (Speisen) erlauben und die schlechten verbieten [...]."*[187]

Die Hanafiten interpretieren das „Schlechte" (Habîs) als etwas, das von der Natur des Menschen als ekelig und unappetitlich empfunden wird. Demnach sind Meeresfrüchte für sie als ekelerregend einzustufen. Die malikitischen Gelehrten stufen jedoch nur das als habîs ein, was durch den Koran und die Sunna als haram festgelegt wurde. Somit gelten nach den Malikiten alle Wassertiere als halal, auch wenn sie nicht zur Gattung der Fische zählen.

Die schafiitischen und hanbalitischen Gelehrten orientieren sich an den kulturellen Essgewohnheiten der Araber, falls zu einer Speise kein eindeutiger Offenbarungstext bezüglich der Einstufung als halal oder haram existiert.[188] Somit erlauben die Schafiiten lediglich den Verzehr von Wassertieren. Der Verzehr von Tieren, die sowohl im Wasser, als auch auf dem Land leben, ist jedoch untersagt. Hierzu zählen z. B.

185 Ibn Mâdscha, Sayd, 9

186 Muhtasar'ul Kuduri, 2019, s. 502–503; Karaman, 2000, Kapitel 1B.6)

187 Sure Ârâf, 7:157

188 Bidâyat al-Mudschtahid wa Nihâyat al-Muktasid, 2015, s. 316f.; Yahya Şenol, Kur'an ve Sünnet Işığında Helal Gıda, 2015, s. 63f.; Cayiroglu, 2014, s. 80f.)

Krokodile und Schildkröten (werden als habâis eingestuft), Schlangen und Krabben (aufgrund des Gifts) und Frösche (da es durch eine Überlieferung verboten wurde).[189]

Die hanbalitischen Gelehrten stufen lediglich den Verzehr von Krokodilen (zählt aufgrund der Eckzähne zu den Raubtieren), Fröschen (Verbot durch Überlieferung) und Wassernattern (wird als giftig und habîs kategorisiert) als haram ein. Für Tiere, die sowohl im Wasser, als auch auf dem Land leben, wird eine Schlachtung vorgesehen, damit der Verzehr als halal gilt.[190]

Die hanafitischen Gelehrten begründen das Verbot von Meeresfrüchten zudem mit einer Überlieferung, der zufolge des Propheten die Tötung eines Frosches verboten und darauf hingewiesen hat, dass es ein unreines Tier sei.[191] Die weiteren Wassertiere werden ebenfalls als habîs eingestuft und sollten nicht verzehrt werden. Die einzige Ausnahme bildet der Fisch, da hier eine ausdrückliche Erlaubnis durch die Überlieferung vorliegt.

Nach Ansicht der Hanafiten kann man zusammenfassend sagen, dass Meeresfrüchte als verpönt gelten können, da es hierzu kein eindeutiges Verbot gibt. Vielmehr handelt es sich bei der Beurteilung der Hanafiten um eine Interpretation des Koranverses (Sure A'raf, 7:157) und der Überlieferung des Propheten, dass nur der Fisch und die Heuschrecke als Verendetes halal ist. Unter den Hanafiten gibt es zudem Ansichten, dass Garnele zur Zeit der Offenbarung als „Fisch"

---

189 Schirbinî, Mugnil-Muhtâdsch, 4/297-298; vgl. Hasan Kilic, „Fıkıhta Habais Ve Tayyibat Kavramları", Masterarbeit, 2016, s. 60f.)

190 Ibn Kudâme, el-Mugnî, 11/85; vgl. Cayiroglu, 2014, s. 166; Hasan Kilic, „Fıkıhta Habais Ve Tayyibat Kavramları", Masterarbeit, 2016, s. 61).

191 Kâsâni, Badâi as-Sanâî, V, S. 35; Sarahsî, al-Mabsût, XI, S. 248; Ali al-Kârî, Fathu Bâb al-Inâya, III, S. 68; Çayıroğlu, 2014, S. 165).

angesehen wurde, sodass es zu der Kategorie Fisch eingeordnet und als halal angesehen werden kann.[192]

Die drei weiteren sunnitischen Rechtsschulen stufen den Verzehr von Meeresfrüchten jedoch als halal ein, da sie die oben genannten Koranverse als allgemeine Erlaubnis für alle Meerestieren (bis auf wenige Ausnahmen, die wir oben bereits erwähnt hatten) interpretieren. Die Diyanet führt ihren Standpunkt zum Thema Meeresfrüchte, nachdem sie eine detaillierte Schilderung der verschiedenen Meinungen und der herangezogenen Beweise der Rechtsschulen aufgeführt hat, wie folgt fort: „Im Koran und in der Sunna gibt es keine langen Auflistungen der Tiere, deren Verzehr verboten ist, vielmehr werden einzelne Tiere, wie das Schwein, namentlich aufgeführt, womit Prinzipien und ein Maßstab für weitere verbotene Tiere gesetzt werden können. Daher ist die Anzahl der Tiere, bei denen ein Konsens bezüglich eines Konsumverbotes herrscht, sehr gering. So wird der Verzicht auf gesundheitsschädliche Substanzen als eines der allgemeinen Prinzipien des Islams betrachtet. Außerdem vertreten die Gelehrten bei Themen, bei denen keine eindeutige Rechtsnorm existiert, unterschiedliche Ansichten. Meinungsvielfalt trägt nicht nur zu einem besseren Verständnis der Themen bei, sondern bietet für die Praktizierenden auch eine Erleichterung mit sich. In Anbetracht der mehrheitlichen Meinung der Gelehrten kann gesagt werden, dass die Produktion und der Konsum von Meeresfrüchten halal ist.“[193]

---

192 Yusuf Weltch, “What Is The Ruling Of Eating Shrimp?“, SeekersGuidance, https://seekersguidance.org/answers/education/what-is-the-ruling-of-eating-shrimp/. Aufgerufen am: 03.01.2022)

193 https://kurul.diyanet.gov.tr/Cevap-Ara/987/yengec--istakoz--karides--kalamar--midye--kurbaga-vs--gibi-deniz-urunleri-yenir-mi-?enc=QisAbR4bAkZg1HImMxXRn5PJ8DgFEAoa2xtNuyterRk%3d. Aufgerufen am: 05.12.2021)

Betäubungsmethoden

In den meisten Ländern Europas, einschließlich Deutschland, ist die Betäubung von Schlachttieren gesetzlich vo geschrieben. Die verbreitetste Methode ist die Gasbetäubung (bei Geflügel) bzw. der Bolzenschuss (bei Großvieh).

Die Zahl der Betriebe, die per Elektroschock betäuben, hat in den letzten Jahren deutlich abgenommen. Dies wird vor allem mit Tierschutzaspekten begründet: Bei einer Elektrokurzzeitbetäubung (Wasserbadbetäubung) werden die Tiere bei vollem Bewusstsein an den Füßen an die Förderketten gehängt. Bei einer Schlachtmenge von 200.000 bis 400.000 Hähnchen am Tag kann es vorkommen, dass sich die Tiere während des Aufhängens verletzen und leiden, bevor sie die Betäubungswanne erreichen. Bei der Gasbetäubungsmethode werden die Tiere jedoch bereits vor der Aufhängung betäubt, sodass sie keine Schmerzen mehr spüren.

Die Erteilung von Ausnahmegenehmigungen für betäubungsloses Schlachten ist möglich, die jeweilige Religionsgemeinschaft muss jedoch gemäß dem Tierschutzgesetz einen gesonderten, fundiert begründeten Antrag stellen. Die individuelle Glaubensüberzeugung reicht nicht aus. Ausnahmen von der Betäubungspflicht nach sind nämlich nur dann zulässig, wenn „die zuständige Behörde eine Ausnahmegenehmigung für ein Schlachten ohne Betäubung (Schächten) erteilt hat; sie darf die Ausnahmegenehmigung nur insoweit erteilen, als es erforderlich ist, den Bedürfnissen von Angehörigen bestimmter Religionsgemeinschaften im Geltungsbereich dieses Gesetzes zu entsprechen, denen zwingende Vorschriften ihrer Religionsgemeinschaft das

Schächten vorschreiben oder den Genuss von Fleisch nicht geschächteter Tiere untersagen …“[194]

Im Jahr 2001 reichte der Metzger Rüstem Altınküpe mit der Unterstützung des Islamrats in Kooperation mit dem Zentralrat der Muslime in Deutschland Klage beim Bundesverwaltungsgericht ein. Nach einem achtjährigen Rechtsstreit wurde ihm schließlich die Erlaubnis zum betäubungslosen Schlachten erteilt.[195] Altınküpes Fleischerei ist bis heute deutschlandweit die einzige, die – wenn auch eingeschränkt – von diesem Recht profitiert. Allerdings darf der Metzger das Fleisch nur an Endverbraucher oder Moscheevereine, nicht aber an Großhändler verkaufen.[196]

Weshalb gilt das Verbot nur für Muslime?

Jüdischen Metzgern ist das Schächten in Deutschland uneingeschränkt gestattet. Das Verbot für Muslime gründet auf Rechtsgutachten der Al-Azhar Universität in Kairo und muslimischer Gelehrter, die eine Betäubung als zulässig erachten, solange das Tier dabei nicht stirbt und bei der Schlachtung noch Lebenszeichen zeigt.

Das Bundesverwaltungsgericht lehnte in seinem Urteil aus dem Jahr 1995 die Erteilung einer generellen Ausnahmeregelung für muslimische Metzger mit folgender Begründung ab:

„Es sei nicht ersichtlich, daß zwingende religiöse Vorschriften des Islam die Betäubung der Tiere vor dem Schlachten verböten. Nach Aussagen maßgeblicher islamischer

194 Tierschutzgesetz, § 4a Abs. 2

195 Özoğuz, 2011, S. 41

196 Rippegather, 2012

Rechtsgelehrter müsse eine Schlachtung nach den Geboten des Islam lediglich folgende Bedingungen erfüllen:

- ◇ Muslimischer Schlachter
- ◇ Schlachten im Namen Allahs
- ◇ Schnelle Durchführung des Schnitts mit scharfem Messer
- ◇ Tier muß in Richtung Qibla liegen
- ◇ Tier muß Lebenszeichen zeigen

Diese Anforderungen seien mit der Elektrobetäubung zu vereinbaren.

Erklärungen und Fatwas zur Unterstützung von:

- ◇ Türkische Botschaft, Bonn, 29. Juli 1982
- ◇ Al-Azhar Universität, Kairo, 25. Februar 1982
- ◇ Religionssachverständiger und Leiter der Islamischen Gemeinde Hamburg, 14. Oktober 1985
- ◇ Rechtsgelehrte bei einer Konferenz der WHO und der moslemischen Welt-Liga Dezember 1985.“[197]

Betäubungsmethoden bei Großvieh

In europäischen Schlachtbetrieben kommen üblicherweise drei Betäubungsmethoden zum Einsatz: Elektroschock, Bolzenschuss und Gas (bei Großvieh nur für Schweine erlaubt). Nach den islamischen Richtlinien müssen die Tiere bei der Schlachtung auf jeden Fall noch Lebenszeichen aufweisen und dürfen erst durch den Kehlschnitt und den darauffolgenden Blutverlust zu Tode kommen.

---

197 BVerwGE 99, 1; IRH, 2005

Zuweilen wird auch zwischen einer „reversiblen" und „irreversiblen" Betäubung unterschieden. Von einer reversiblen Betäubung spricht man, wenn das jeweilige Tier ein paar Minuten nach der Betäubung wieder zu sich kommen, aufstehen und davonlaufen könnte. Das Tier wird also nur vorübergehend betäubt. Bei der irreversiblen Betäubung, z. B. durch die Bolzenschussmethode, wird das Gehirn des Tieres so stark geschädigt, dass es innerhalb kurzer Zeit an den Folgen der Betäubung sterben würde. Bei einer irreversiblen Betäubung besteht für das Tier also keine Überlebenschance mehr.[198]

Betäubung durch elektrischen Strom (reversible Betäubung)

Eine kurzzeitige Betäubung durch elektrischen Strom wird i. d. R. bei Rindern und Schafen durchgeführt. Dazu werden an den Schläfen (im Mittelbereich zwischen Auge und Ohr) Elektroden angebracht und anschließend für etwa 8-10 Sekunden lang eine Spannung von 70-80 Volt angelegt, wodurch die Gehirnfunktionen aussetzen, das Herz jedoch weiterschlägt. Um vollständig ausbluten zu können, müsste das so betäubte Tier innerhalb von 30 Sekunden geschlachtet werden.

Diese Betäubungsart hat zahlreiche Nachtteile. Durch die vermehrte Ausschüttung von Stresshormonen während der Betäubung kann die Qualität des Fleischs beeinträchtigt werden. Weiterhin können Einblutungen ins Gewebe auftreten. Wird eine zu hohe Spannung angelegt, kann es außerdem zum vorzeitigen Herzstillstand kommen.[199]

---

198 Özoğuz, 2011, S. 42

199 Gürbüz, 2011; Emin, 2011; Çayıroğlu, 2014, S. 390

Die Elektrokurzzeitbetäubung wird hauptsächlich in Australien und Neuseeland eingesetzt. In Deutschland sind nur zwei Schlachtbetriebe bekannt, die diese Betäubungsmethode anwenden.

Betäubung durch Bolzenschuss (irreversible Betäubung)

Bei dieser Methode wird ein ca. 15 cm langer Eisenstift durch die Schädeldecke ins Gehirn des Tieres getrieben, was aufgrund der so entstehenden schweren Verletzungen zum baldigen Tod führt. Sie wird vor allem bei Rindern, Pferden und Schweinen angewendet. Die alternative Variante, der Kugelschuss, wird nur sehr selten praktiziert.

Damit die Fleischqualität nicht beeinträchtigt wird, müsste die Schlachtung innerhalb von fünf Sekunden nach dem Bolzenschuss durchgeführt werden. Das deutsche Tierschutzgesetz sieht eine Schlachtung innerhalb von maximal 60 Sekunden nach dem Ansetzen des Bolzens vor, um Blutungen im Tierkörper und damit eine Qualitätsbeeinträchtigung des Fleischs zu vermeiden.[200] In Massentierhaltungsbetrieben dauert es i. d. R. jedoch länger, bis das Schlachtvieh aus dem Käfig gezerrt, mit einem Kran an den Füßen aufgehängt, hochgezogen und zum Schlachter weitergeleitet wird.

Die Bolzenschussmethode ist sehr fehleranfällig. So kann es passieren, dass das Tier nicht richtig betäubt wird und während des Schlachtvorgangs wieder zu Bewusstsein kommt. Allein in Deutschland geschieht dies jährlich etwa 200 Tausend Mal.[201]

---

200 Gürbüz, 2011; Emin, 2011; Çayıroğlu, 2014, S. 391f.

201 Schlachthof transparent, k. A.

Das Bundesinstitut für Verbraucherschutz und Veterinärmedizin (BgVV) nennt die Bolzenschussbetäubung in einer Stellungnahme vom Juni 2001 als „tierschutzwidrig".

Videoaufnahmen des österreichischen Tierschutz-Dachverbandes vom Mai und Juni 2001 prangern tierschutzwidrige Zustände bei der Schlachtung von Rindern an. Zwar wurden die Tiere vor dem Einhängen ins Schlachtband mit dem Bolzenschussgerät betäubt, waren aber beim Anlegen des Entblutungsschnittes wieder bei Bewusstsein. Sie zeigten spontanen Lidschlag, Augen- und Kopfbewegungen. Zudem reagierten die Tiere auf den Entblutungsschnitt mit heftigen Bewegungen und sogar Brüllen.[202]

Im Zusammenhang mit der Bolzenschussmethode wurden auch gesundheitliche Risiken für die Verbraucher durch eine mögliche Übertragung des BSE-Erregers diskutiert. Der Abschlussbericht des Ausschusses für Biologische Arbeitsstoffe (ABAS) stellte fest, dass dieses Risiko beim koscheren Schächten bzw. islamkonformen Schlachten sehr gering ist. Dasselbe gilt auch bei einer Elektrobetäubung oder einer Bolzenschussbetäubung, wenn der Bolzen nicht in das Gehirn eindringt, sondern nur an den Schädel geschossen wird.[203]

Betäubung durch Gas (reversible Betäubung)

Die Gasbetäubung kommt nur bei Schweinen und Hühnern zum Einsatz. Bei dieser Betäubungsart werden die Schweine in eine Grube geführt, in der sie etwa 20-40 Sekunden lang Kohlenstoffdioxid (CO_2) einatmen. Durch den

202 BgVV, 2001

203 Johannsen, 2002

Sauerstoffmangel kommt es zum Atemstillstand und das Tier verliert für etwa 60-70 Sekunden das Bewusstsein.[204]

Die Gasbetäubung ist ein einfaches, hygienisches und risikoarmes, aber sehr kostenintensives Verfahren, weshalb sie bei Schweinen eher selten angewendet wird.[205]

Unter Tierschützern ist die Methode heftig umstritten, da die Tiere, sobald das Gas in die Grube geleitet wird, panische Fluchtreaktionen zeigen, und Stresshormone wie Adrenalin und Nordadrenalin ausschütten.[206]

Ist eine Betäubung mit den islamischen Schlachtregeln vereinbar?

Die islamischen Schlachtregeln setzen voraus, dass ein noch lebendes Tier durch einen Kehlschnitt getötet wird und vollständig ausblutet. Der Schlachter muss entweder ein Muslim oder ein Angehöriger der Buchreligionen sein. Das Fleisch eines zum Zeitpunkt der Schlachtung durch eine Verletzung, Krankheit, Betäubung oder sonstige Vorfälle bereits verendeten Tieres darf laut dem Koran nicht verzehrt werden: *„Verboten ist euch (der Genuss von) Verendetem, Blut, Schweinefleisch und dem, worüber ein anderer (Name) als Allah(s) angerufen worden ist, und (der Genuss von) Ersticktem, Erschlagenem, zu Tode Gestürztem oder Gestoßenem, und was von einem wilden Tier gerissen worden ist – außer dem, was ihr schlachtet."*[207]

---

204 Gürbüz, 2011; Çayıroğlu, 2014, S. 392

205 Büyükünal und Vural, k. A.; Çayıroğlu, 2014, S. 392

206 Peta, 2016

207 Sure Mâida, 5:3

Ein weiterer Grundsatz der halal-konformen Schlachtung besagt, dass den Tieren und anderen Geschöpfen absichtlich kein physisches und psychisches Leid zugefügt werden darf.[208]

Die Meinungen der Gelehrten und der islamischen Religionsgemeinschaften gehen in Bezug auf die Frage, ob eine Schlachtung mit vorheriger Betäubung den islamischen Regeln entspricht, auseinander. Als Anhaltspunkt für ein endgültiges Urteil wird die Unterscheidung zwischen einer reversiblen und einer irreversiblen Betäubung genutzt.

Die islamischen Organisationen in Deutschland beurteilen eine Betäubung vor der Schlachtung wie folgt:

Fatwa-Rat des Amtes für religiöse Angelegenheiten in der Türkei (Diyanet)

Betäubungen sind erlaubt, um die Schmerzen des Tieres zu mildern und den Schlachtvorgang zu erleichtern. Das Tier muss vor dem Kehlschnitt jedoch definitiv noch am Leben sein, ansonsten es nicht erlaubt, sein Fleisch zu verzehren.[209]

Islamische Gemeinschaft Millî Görüş (IGMG)

Eine Betäubung durch elektrischen Strom, Bolzenschuss, Kohlenstoffdioxid u. ä. ist nicht erlaubt, da sie dem Tier zusätzliche Schmerzen zufügt. Sofern eine gesetzliche Verpflichtung besteht, kann eine Ausnahme gemacht werden, vorausgesetzt, dass das Tier vor der tatsächlichen Schlachtung definitiv noch am Leben ist.[210]

---

208 Özoğuz, 2011, S. 43

209 Yaman, 2011, S. 39; Çayıroğlu, 2014, S. 399f.

210 Fetâvâ 2015, S. 60

Verband der Islamischen Kulturzentren (VIKZ) und Zentralrat der Muslime (ZMD)

Diese beiden Gemeinschaften betrachten das betäubungslose Schlachten als „wesentlichen Bestandteil der Religionsausübung“ und daher als „zwingend vorgeschrieben“.[211]

Positionen der Rechtsschulen

Ein durch Kehlschnitt getötetes Tier gilt zweifelsfrei als halal, jedoch sind sich die Gelehrten der vier Rechtsschulen uneinig darüber, welche Lebenszeichen und Reaktionen das Tier vor und während der Schlachtung mindestens noch zeigen muss. Dazu ein Beispiel: Ein Tier hat eine Verletzung erlitten, an der es höchstwahrscheinlich in Kürze verenden wird. Es wird in diesem Zustand geschlachtet. Die Gelehrtenmeinungen in der Frage, ob das Fleisch zum Verzehr erlaubt ist, unterscheiden sich.[212] Die Ansichten lassen sich folgendermaßen zusammenzufassen:

Hanafiten (Mehrheit): Es genügt, wenn das Tier vor dem Kehlschnitt noch am Leben ist. Bestehen diesbezüglich Zweifel, muss während des Schlachtvorgangs auf den Blutfluss und die Bewegungen des Tieres geachtet werden.[213]

Malikiten, Hanbaliten und einzelne Hanafiten: Ein verletztes oder krankes Tier darf nicht an den Folgen der Verletzung bzw. Krankheit verenden, sondern muss zweifelsfrei durch den Kehlschnitt sterben. Deshalb muss sichergestellt werden, dass das Tier mindestens noch einen halben oder

---

211 Erkin, 2013.

212 Çayıroğlu, 2014, S. 394

213 Zaylai, 1313, V, 297; Kasânî, 1982, V, S. 51; Ali al-Kâri, k. A., III, S. 61-62; Sarahsî, 2008, XII, S. 5; Çayıroğlu, 2014, S. 394f.

ganzen Tag leben könnte, bevor es geschlachtet wird. Weist das Tier tödliche Verletzungen auf, ist es als Mayta (verendetes/unreines Tier) einzustufen.[214]

Zusammenfassend kann gesagt werden: Während durch der irreversiblen Betäubung keine Überlebenschance für das Tier besteht, wirkt eine reversible Betäubung nur kurzzeitig und hinterlässt keine bleibenden Schäden. Diese Methode ist nach Ansicht der Gelehrten aller Rechtsschulen mit den islamischen Richtlinien vereinbar. In Bezug auf die irreversible Betäubung gehen die Meinungen auseinander. Während die Hanafiten eine derartige Betäubungsmethode als erlaubt ansehen, stufen Malikiten, Schafiiten und Hanbaliten sie größtenteils als haram ein, da nicht sichergestellt werden könne, dass das Tier durch den Kehlschnitt stirbt.

Zuletzt sei angemerkt, dass aus islamischer Sicht eine betäubungslose Schlachtung bevorzugt werden sollte, sofern eine Betäubung nicht per Gesetz vorgeschrieben ist. In diesem Fall kann eine reversible (gemäß der hanafitischen Rechtsschule auch eine irreversible) Betäubungsmethode eingesetzt werden. In erster Linie kommt es darauf an, dass den Tieren keine zusätzlichen Schmerzen zugefügt werden, und dass sie bei der eigentlichen Schlachtung definitiv noch am Leben sind.[215]

Problematiken bei der Geflügelschlachtung

Besonders auf industriellen Hühnerfarmen und in Legebatterien zeigen sich die schrecklichen Auswirkungen einer

214 Çayıroğlu 2014, S. 395ff.

215 Çayıroğlu, 2014, S. 404

Konsummentalität, die nach immer mehr, schneller und billiger produzieren möchte. Ein Großteil der Hühner werden als sogenannte Masthühner in kürzester Zeit – i. d. R. innerhalb von 45 Tagen nach dem Schlüpfen – schlachtbereit gemacht. Unter normalen Bedingungen dauert dies etwa vier Monate.[216]

Massentierhaltungen, fehlender Freiraum, die Überfütterung mit Hormonen und Antbiotika für ein schnelleres und „gesundes" Wachstum sowie das sogenannte „Kükenschreddern" sind in diesem Zusammenhang leider an der Tagesordnung. „Kükenschreddern" meint die gezielte Vernichtung von jährlich ca. 50 Millionen männlicher Küken, da sie eine längere Wachstumszeit benötigen, kein Fleisch ansetzten und keine Eier legen.[217]

Erst seit dem 1. Januar 2022 ist das Kükenschreddern in Deutschland rechtlich verboten worden. Dabei besagt das Tierschutzgesetz, dass „niemand [...] einem Tier ohne vernünftigen Grund Schmerzen, Leiden oder Schäden zufügen"[218] darf.

Der Prophet appellierte in zahlreichen Hadithen an die Gläubigen, Tieren gegenüber barmherzig, großzügig, rücksichtsvoll und gerecht zu handeln, und ihnen kein Leid zuzufügen.[219] In einer Überlieferung heißt es: „*Wer zu unrecht etwas tötet, wird am Tage der Auferstehung bei Allah Rechenschaft ablegen müssen.*"[220] Tierquälerei,

---

216 Çayıroğlu, 2014, S. 404f.

217 Peta, 2015

218 Tierschutzgesetz, § 1

219 vgl. Muslim, Tawba, 166, (2245); Buhârî, Bad al-Halk, 17; Abû Dâwûd, Dschihad, 122, (2675)

220 Dârîmî, Sunan, II

nicht artgerechte Haltung und unethisches Verhalten Tieren gegenüber ist aus islamischer, ethischer und vor allem menschlicher Sicht keinesfalls vertretbar.

Weitere Probleme beziehen sich auf den Schlachtvorgang, insbesondere die Betäubungen, die Automation und das Rupfen im heißen Wasserbad.

Betäubungsmethoden bei Geflügel

Die Wasserbadbetäubung (Elektrokurzzeitbetäubung)

Neben den oben besprochenen Betäubungsmethoden wird in der Geflügelindustrie häufig auch die Wasserbadbetäubung eingesetzt. Allein in der Europäischen Union wurden in den vergangenen Jahren 80% der Masthühner durch Wasserbadbetäubung schlachtfertig gemacht.[221] Bei dieser Methode werden die Hühner für etwa fünf Sekunden in ein unter Spannung (20-45 V) stehendes Wasserbecken getaucht. In der Regel gelten folgende Betäubungswerte: Spannung U: ~ 100 V; Stromstärke: variiert je nach Anzahl der Tiere, die gleichzeitig betäubt werden (i. d. R. ~ 120 mA/Tier), Stromfrequenz: ~ 400 Hz.

Entscheidend ist die Höhe der Stromfrequenz. Wird diese bei Konstanthaltung aller anderen oben genannten Werte zu niedrig angesetzt, sterben die Tiere bereits bei der Betäubung durch Herzstillstand. Die anschließende Schlachtung erfolgt entweder manuell durch den Schlachter oder maschinell durch Automation. Die Wasserbadbetäubung soll vor allem verhindern, dass die Tiere bei der Schlachtung mit den Flügeln gegen die Maschinen schlagen, wodurch

221 Europäische Kommission, 2013, S. 2.

Brüche und Verletzungen auftreten können.[222] Zudem ist die Methode relativ einfach und kostengünstig.[223]

In den letzten Jahren steigen Geflügelmastbetriebe jedoch verstärkt auf die Gasbetäubung um. Hintergrund ist einerseits eine relativ hohe Ausfallquote. In Großbritannien starb jedes vierte Huhn bereits bei der Betäubung und musste aus der Produktion entnommen werden. In den USA war es sogar mehr als jedes Dritte.[224] Auf Druck der britischen Einzelhandelskette TESCO stellten mindestens zwei Schlachtbetriebe auf Gasbetäubung um. TESCO begründete seinen Vorstoß damit, Kunden hätten ethische Bedenken geäußert.

Da bei der Wasserbadbetäubung eine relativ große Anzahl von Tieren bereits vor der eigentlichen Schlachtung verendet, erklärte die Internationale Akademie für islamisches Recht anlässlich einer Konferenz in Dschidda im Jahre 1997 diese Methode für unzulässig.[225]

Der Fatwa-Rat der Diyanet gelangte 2010 in einem Gutachten zu dem Schluss, dass die Wasserbadbetäubung erlaubt ist, solange der Stromfluss so niedrig ist, dass die Tiere dadurch nicht zu Tode kommen.[226] Auch der Fatwa-Rat der Islamischen Gemeinschaft Millî Görüş (IGMG) hält den Verzehr eines auf diese Weise betäubten Huhns für zulässig, sofern das Tier noch lebend nach islamischem Ritus geschlachtet wurde.

---

222 Çayıroğlu, 2014, S. 405

223 Europäische Kommission, 2013, S. 5

224 Sağlam, k. A., Emin, 2011; Çayıroğlu, 2014, S. 406

225 Çayıroğlu, 2014, S. 406

226 Yaman, 2011a; Çayıroğlu, 2014, S. 406

Hinsichtlich der Zulässigkeit der Wasserbadbetäubung gelten dieselben Regeln, die bereits im Zusammenhang mit den anderen Methoden besprochen wurden. Selbstverständlich muss das betäubte Huhn anschließend nach den islamischen Richtlinien geschlachtet werden. Um das Risiko für ein versehentliches Töten zu umgehen, sollte wenn möglich jedoch eine betäubungslose Schlachtung bevorzugt werden.

Betäubung durch Gas (CAS)

Bei der Betäubung in kontrollierter Atmosphäre (Controlled Atmosphere Stunning, CAS) wird das Geflügel bereits bei Ankunft im Schlachthof in einem Betäubungstunnel einem 75%igem CO_2-Gemisch ausgesetzt und dadurch betäubt. Derzeit liegt der Anteil der Schlachtbetriebe, die diese Methode anwenden, EU-weit bei durchschnittlich 20% mit stark steigender Tendenz.[227] Begründet wird dies vor allem mit dem besseren Tierschutz. Bei der Gasbetäubung sind die Tiere im Gegensatz zur Wasserbadbetäubung beim Aufhängen an den Förderketten längst nicht mehr bei Bewusstsein.

Das Fleisch von mit der CAS-Methode betäubten Hühnern ist qualitativ hochwertiger, da ein höherer Anteil an Brustfilets ohne Einblutungen erreicht wird. Aufgrund der Flatterbewegungen während der Betäubung und der Schwierigkeiten beim Ausrupfen der Federn steigt jedoch auch der Prozentsatz der an Flügeln und Haut verletzten Tiere. Nicht zuletzt ist CAS auch sehr kostenintensiv.[228]

---

227 Europäische Kommission 2013, S. 2 f.

228 Europäische Kommission, 2013, S. 9f.

Ähnlich wie bei der Wasserbadbetäubung stuft die Diyanet auch den Verzehr von Tieren, die vor der Schlachtung mit CAS betäubt wurden, als erlaubt ein, wenn die Betäubung mit der Absicht eingesetzt wird, den Schmerz zu reduzieren und den traditionellen, islamkonformen Schlachtvorgang zu erleichtern. Wenn das Tier jedoch an den Folgen der Betäubung stirbt, noch bevor es lebendig geschlachtet wurde, ist sein Verzehr untersagt.[229]

Elektrobetäubung durch Kopfdurchströmung

Auch bei Geflügel kann die vom Großvieh bekannte Elektrobetäubungsmethode eingesetzt werden. Dabei werden einzelne Elektroden so angesetzt, dass Strom durch das Gehirn des Tieres fließt, und es so betäubt. In der Praxis wird diese zeitintensive Methode – zumindest in großen Schlachtbetrieben innerhalb der EU – kaum angewendet.[230]

Bei allen drei bisher vorgestellten Betäubungsverfahren (Wasserbadbetäubung, CAS und Elektrobetäubung durch Kopfdurchströmung) handelt es sich je nach Festlegung der Betäubungsparameter um reversible Verfahren.

Unterdruckbetäubung (LAPS)

Die Betäubung durch niedrigen Atmosphärendruck (Low Atmosphere Pressure Stunning, LAPS) basiert auf einem ähnlichen Prinzip wie die Gasbetäubung (CAS), wobei der Sauerstoffmangel durch einen allmählichen Entzug von

---

229 Antwort des Fatwa-Rates im März 2019

230 Europäische Kommission, 2013, S. 3

Atemluft herbeigeführt wird. Diese Betäubungsmethode ist in der EU allerdings noch nicht gestattet.[231]

Schlachtung durch Automation

In der Geflügelmast wird die schlachtung durch die Automation durchgeführt. Dazu werden die betäubten Tiere in ein Förderband eingehängt, zu elektrischen Messern geführt und durch Kehlschnitt getötet. Diese Methode ist im Gegensatz zu der im Akkord ausgeführten manuellen Schlachtung, bei der Teams von bis zu fünf muslimischen Schlachtern den Schnitt mit passenden Messern per Hand setzen, effektiver, da trotz einer Schlachtquote von bis zu drei Tieren pro Minute und Schlachter immer wieder Tiere übrig bleiben, und nachträglich geschlachtet werden müssen.[232]

Die Kontroverse um die Zulässigkeit einer maschinellen Schlachtung betrifft insbesondere zwei Probleme: Erstens wird der Schnitt häufig am Nacken und nicht wie vorgesehen an der Kehle angesetzt. Zweitens wird die Basmala nicht bei jedem Schnitt gesprochen, sondern lediglich beim Einschalten der Maschine.

Über das Aussprechen der Basmala

Die Gelehrten der hanafitischen, malikitischen und hanbalitischen Rechtsschule stufen das Aussprechen der Basmala vor jedem Schlachtvorgang auf der Grundlage diverser Überlieferungen und Koranverse als zwingend notwendig

231 Europäische Kommission, 2013, S. 3

232 Çayıroğlu, 2014, S. 407f.

ein, z. B.: *„Und esst nicht von dem, worüber der Name Allahs nicht ausgesprochen worden ist. Das ist wahrlich Frevel.“*[233]

Der Schlachter muss also vor der Schlachtung die Absicht (Niyya) fassen und dabei die Basmala aussprechen. Da diese Bedingungen bei der Automation nicht erfüllt sind, stufen manche Gelehrte das Fleisch von maschinell geschlachteten Tieren als unrein ein. Ihrer Ansicht nach genügt es nicht, die Basmala lediglich beim Einschalten der Maschine zu sprechen, da die Formel in diesem Falle lediglich für das erste geschlachtete Tier gültig wäre.[234]

Die Gelehrten der schafiitischen Rechtsschule stufen das Aussprechen der Basmala als Sunna ein und sehen es nicht als obligatorisch an, sodass ein Tier auch ohne Basmala als halal gilt. Andere Gelehrte wiederum vergleichen die maschinelle Schlachtung mit den Bedingungen einer Jagd und stufen das Fleisch deshalb als halal ein.[235] Sie vertreten die Meinung, dass das einmalige Aussprechen der Basmala ausreichend ist, solange die Tiere ansonsten auf vorgeschriebene Weise per Kehlschnitt getötet werden. Wird die Maschine während des Produktionsprozesses ausgeschaltet, muss die Basmala bei erneuter Inbetriebnahme noch einmal ausgesprochen werden.[236] Die Fatwa-Räte der Diyanet und der Islamischen Gemeinschaft Millî Görüş (IGMG) bestätigen diese Ansicht in ihren Gutachten, mit der Ergänzung, dass Kontrollpersonen eingesetzt werden sollten, die bei einer fehlerhaften oder

233 Sure An‘âm, 6:121

234 Usmanî, 2006, S. 71ff.; Büyüközer, 2011b, S. 151ff.; Kalender, 2011; S. 7 ff.; Çayıroğlu, 2014, S. 409

235 Çayıroğlu, 2014, S. 408f.

236 Çayıroğlu 2014, S. 409

unvollständigen Schlachtung entsprechend eingreifen können.[237]

Das Europäische Halal Zertifizierungsinstituts (EHZ) legt bez. der maschinelle Schlachtung folgende Kriterien fest:

1. Es ist grundsätzlich Pflicht, die Basmala für jedes einzelne Tier auszusprechen; bei der maschinellen Halal-Schlachtung von Geflügel reicht es jedoch aus, die Basmala einmal auszusprechen, bevor man die Maschine anlaufen lässt.
2. Der Startschalter darf in jedem Fall nur von den muslimischen Mitarbeitern getätigt werden. Zudem muss gewährleistet werden, dass bei jedem Neustart auch die Basmala von dem zuständigen muslimischen Mitarbeiter wiederholt wird.
3. Die Tiere, die nicht von der Maschine erfasst wurden, müssen manuell von Muslimen nachgeschlachtet werden. Hierbei muss für jedes einzelne Tier die Basmala gesprochen werden.

Eine Missachtung dieser Pflicht wird in den vier Rechtsschulen unterschiedlich bewertet.

Malikiten: Die malikitische Rechtsschule schreibt die Rezitation der Basmala während der Schlachtung verpflichtend vor, ohne jedoch weitere Details zu erwähnen.

Schafiiten: Nach schafiitischem Recht gilt der Verzehr von Tieren, bei deren Schlachtung die Basmala nicht ausgesprochen wurde, nicht als haram, sondern als „makrûh“ (verpönt). Das Aussprechen der Basmala sehen sie

237 Diyanet: Yaman, 2011; Çayıroğlu, 2014, S. 406; IGMG: Fetâvâ, 2015, S. 39

als Sunna. Alle Tiere, die per Automation geschlachtet werden, müssten demzufolge als halal gelten, auch wenn nicht für jedes einzelne Tier die Basmala ausgesprochen wird.[238]

Hanafiten und Hanbaliten: Die beiden anderen Rechtsschulen machen ihre Urteile davon abhängig, ob sich die Basmala auf das Werkzeug bezieht oder auf das zu schlachtende Tier. Im ersten Fall ist das Problem der maschinellen Schlachtung gelöst, da sich die einmalige Rezitation der Basmala zu Beginn der Schlachtung auf alle mit demselben Werkzeug geschlachteten Tiere erstreckt. Dies gilt jedoch nur im Zusammenhang mit der Jagd als zulässig, nicht bei der Schlachtung von Tieren, da sich die Basmala in diesem Fall nicht nur auf das Werkzeug, sondern auch auf die Handlung bezieht.[239] Demnach ist es durchaus erlaubt, z. B. mehrere Hühner nebeneinander zu legen, die Basmala zu sprechen und in einem Zug die Hühner nacheinander zu schlachten.[240]

Auch nach der hanafitischen Rechtsschule kann man sagen, dass das Tier als halal gilt, wenn vor der Handlung die Basmala rezitiert wird. Wenn man also vor dem Einschalten der Maschine die Basmala ausspricht, gilt jedes Tier als halal, das von dem elektrischen Messer erfasst wird. Bis die Maschine zum Stoppen kommt, kann man diesen Schlachtvorgang als eine Handlung einstufen, so als hätte man alle Hühner nebeneinander auf den Boden gelegt in einem Zug geschlachtet.

---

238 Çayıroğlu, 2014, S. 411

239 Ibn Kudâma, 1405, XI, S. 33; Buhûtî, 1402, VI, S. 209; Çayıroğlu, 2014, S. 411

240 Kasânî, 1982, V, S. 50; Ibn Nudschaym, 1311, VIII, S. 191; Nizâm, al-Fatâwâ al-Hindiyya, k. A., V, S. 289; Çayıroğlu, 2014, S. 410f.

Wie wird der Schnitt bei der maschinellen Schlachtung gesetzt?

Während der maschinellen Schlachtung kommt es vor, dass einzelne Hühner nicht in die Messer geraten oder nur oberflächlich geschnitten werden.[241] Ein weiteres Problem ist die Einstellung der Rundmesser: Der Schnitt wird nicht am Hals, sondern am Nacken angesetzt, um unter anderem die vollständige Abtrennung des Kopfes zu verhindern.

Die Schlachtung vom Nacken her wird lediglich in der malikitischen Rechtsschule als haram eingestuft. Die anderen Rechtsschulen erlauben den Verzehr der auf diese Art geschlachteten Tiere, wenn gewährleistet ist, dass auch Speise- und Luftröhre durchtrennt wurden. In der Praxis kommt es allerdings vor, dass Speise- und Luftröhre oder gar die beiden Hauptschlagadern nicht erreicht werden, und nur eine Ader durchtrennt wird.[242] Das wirft die Frage auf, ob das Fleisch als halal eingestuft werden kann.

Schlachtereien sollten darauf achten, nur Messer einzusetzen, die für einen Kehlschnitt geeignet sind bzw. lediglich verletzte Tiere nachträglich per Hand zu schlachten, damit sie ausreichend ausbluten können. Dies sollte ggf. von einer Kontrollperson überwacht werden, da eine spätere Entsorgung von Tieren durch Lebensmittelkontrolleure bzw. Veterinäre nur Kosten verursacht. Außerdem sollte der Maschinenführer ein Muslim sein.

Laut den EHZ-Kriterien ist die Schlachtung islamkonform, wenn die Luftröhre, Speiseröhre und beide Schlagadern, mindestens aber drei dieser Stellen, unterhalb des Kehl-

---

241 Özoğuz, 2011, S. 46

242 Çayıroğlu, 2014, S. 412f.

kopfes schnell durchtrennt wurden und die Tiere vollständig ausbluten konnten. Eine Nackenschlachtung ist verboten und wird nicht akzeptiert. Den Hals während der Schlachtung zu brechen oder den Kopf komplett vom Rumpf zu trennen, ist unerwünscht, da das Tier u. U. nicht richtig ausblutet. Das Fleisch wird jedoch nicht unrein.[243] Um ein Halal-Zertifikat zu erhalten, muss außerdem gewährleistet sein, dass die manuelle bzw. maschinelle Schlachtung sowie nachträglich erforderliche Handschlachtungen von einem Muslim durchgeführt wurden.

Entfederung

Um die Hühner nach der Schlachtung leichter rupfen zu können, werden ihre Körper für maximal drei Minuten in ein 52-55°C heißes Wasserbad gelegt. Dabei gelangen Blut, Schmutz und Ausscheidungen in das Becken. Dies ist unhygienisch und auch aus islamrechtlicher Perspektive bedenklich, da die Schmutzpartikel über die Hautporen, den Hals- und Analbereich der Tiere ins Fleisch gelangen können. Daher ist es notwendig, die Wassertemperaturen so niedrig und die Eintauchzeit so kurz wie möglich zu halten.[244]

Das EHZ akzeptiert das Wasserbad, ein System, bei dem die Hühner in einer Rinne unter ständiger Zugabe von frischem Wasser gespült werden. Das verschmutze Wasser wird abgepumpt. Eine mikrobielle Verseuchung wird von drei Stellen überprüft:

1. durch die QS-Abteilung der jeweiligen Schlachtbetriebe

243 Çayıroğlu 2014, S. 4

244 Usmanî, 2006, S. 79-80; Sağlam, k. A.; Çayıroğlu, 2014, S. 414

2. durch das Veterinärsamt; Wasserproben werden laborchemisch analysiert und das Ergebnis an den Schlachtbetrieb geschickt
3. durch die QS-Abteilung der Großkunden (meist Lebensmitteleinzelhandelsketten)

Neue Methode: Trockenrupfen

Seit dem Ausbruch der Vogelgrippe sind Geflügelmastbetriebe auf das Trockenrupfen umgestiegen. Bei dieser Methode werden die Tiere mit heißem Wasserdampf behandelt, damit sich die Federn von der Geflügelrupfmaschine leichter lösen lassen. Eine Kreuzkontamination durch Übertragung von Bakterien im Wassertank wird durch das Trockenrupfen ausgeschlossen, außerdem kann der Wasserverbrauch erheblich reduziert werden. Damit ist das Trockenrupfen nicht nur hygienischer, sondern auch umweltfreundlicher.[245]

In der Türkei wird die Trockenrupfmethode seit einiger Zeit bevorzugt angewendet; in Deutschland setzen Betriebe jedoch weiterhin auf die Wasserbadmethode.

Tierschutzaspekte

In der öffentlichen Debatte um das Schächten bzw. Halal-Schlachten wird oftmals der Einwand erhoben, die Methode sei inhuman und mit dem Tierschutzgesetz nicht zu vereinbaren. Deshalb lohnt es sich, an dieser Stelle auf einige der erhobenen Einwände genauer einzugehen.

245 Erpiliç, 2017

Großviehbetäubung

Bereits 1977 führte Wilhelm Schulze, damals Professor an der Tierärztlichen Hochschule Hannover, eine Vergleichsstudie zum tierischen Schmerzempfinden bei der konventionellen Schlachtung mit vorheriger Bolzenschussbetäubung und dem religionsgesetzlichen Schächten durchgeführt. Die dabei abgeleiteten EEGs zeigten einen deutlichen Unterschied in der Gehirnaktivität. Beim islamkonformen Schlachten war in den ersten 3 Sekunden nach Setzen des Kehlschnitts keine Abweichung zu erkennen. Nach weiteren drei Sekunden zeigte das EEG die Null-Linie, aufgrund des starken Blutverlusts hatte das Tier das Bewusstsein verloren. Die durch Rückenmarkskonvulsion ausgelösten Zuckungen führten zur Entleerung der letzten Blutreste. Bei der Bolzenschussmethode zeichnete das EEG bei den Schafen unmittelbar nach der Betäubung dagegen Schmerzreize auf, die Herzfrequenz der Tiere stieg auf 300 Schläge pro Minute an. Erst nach etwa 30 Sekunden verzeichnete das EEG die Null-Linie, bei zwei Schafen erloschen trotz Betäubung die Gehirnaktivitäten nicht vollständig. Aufgrund seiner Messdaten gelangte Schulze zu dem Ergebnis, dass der Schnitt für das Tier mit weniger Leid verbunden sei als die Bolzenschussmethode. Folgestudien aus den 1990er-Jahren bestätigen Schulzes These: Bei einer korrekt durchgeführten Schlachtung tritt innerhalb von weniger als zehn Sekunden die Betäubung ein.[246]

Jedoch sollte auch erwähnt werden, dass die Studie von Schulze, die vor über vierzig Jahren durchgeführt wurde, aus heutiger Sicht von Tierschutzorganisationen und

---

246 Schulze, Schultze-Petzold, Hazem, Groß, 1978, S. 65; Die Woche, 3.4.1998, S. 29; Cavdar, 1996

Tiermedizinern recht umstritten ist. Die damals genutzten Messkriterien würden den heutigen Standards nicht entsprechen und seien schon längst überholt.

Geflügelbetäubung

In ihrer 2004 veröffentlichten Stellungnahme zu Tierschutzaspekten beim Betäuben und Töten von Tieren identifizierte die Europäische Behörde für Lebensmittelsicherheit (EFSA) zwei Hauptprobleme:

1. Bei der Wasserbadbetäubung wird das Geflügel kopfüber in den Schlachtbügel gehängt. Das ist schmerzhaft.
2. Die eingesetzte Strommenge ist nicht kontrollierbar, da die Leitfähigkeit je nach Tier variiert.

In Reaktion auf diese Stellungnahme wurden auf der Grundlage einer Empfehlung der Weltorganisation für Tiergesundheit (OIE) elektrische Parameter (150mA bei Frequenzen zwischen 200 Hz und 400 Hz) für die Wasserbadbetäubung festgelegt, die seit dem 1. Januar 2013 gelten.[247]

Von den „Ahl al-Kitâb“ geschlachtete Tiere

„Die Speise derjenigen, denen die Schrift gegeben wurde, ist euch erlaubt, und eure Speise ist ihnen erlaubt.“[248] Dieser Vers wird von den muslimischen Exegeten im Allgemeinen so ausgelegt, dass die von den „Ahl al-Kitâb“ – vor allem Juden und Christen – geschlachtete Tiere auch

247 Europäische Kommission, 2013, S. 2f.

248 Sure Mâida, 5:5

für Muslime zum Verzehr erlaubt sind.[249] Auch der Prophet aß mit seinen Gefährten von dem Fleisch einer Ziege, das ihm von einer jüdischen Frau angeboten wurde.[250] Somit gilt, dass sowohl das Essen als auch das Geschlachtete der Juden und Christen gegessen werden darf, solange es sich um ein Tier bzw. eine Speise handelt, die aus islamischer Sicht erlaubt ist. Unter den Ahl al-Kitâb sind auch die heutigen Juden und Christen inbegriffen.

Zwar sind sich die Gelehrten darüber einig, dass Tiere, die von Juden und Christen geschlachtet wurden, gegessen werden dürfen. Trotzdem bestehen zwischen den Rechtsschulen gewisse Unterschiede im Hinblick auf die Voraussetzungen, welchen der Schlachtvorgang genügen muss.[251]

1. Die Schlachtung muss den islamischen Richtlinien entsprechen. Dies bezieht sich vor allem auf die Schlachtungsmethode, sodass das Tier durch einen Kehlschnitt geschlachtet werden muss. Diese Meinung wird von der großen Mehrheit der Gelehrten aller vier Rechtsschulen vertreten.

2. Ausgehend von den Versen „*Verboten ist euch (der Genuss von) Verendetem, Blut, Schweinefleisch und dem, worüber ein anderer (Name) als Allah(s) angerufen worden ist [...]*“[252] und „*Und esst nicht von dem, worüber der Name Allahs nicht ausgesprochen worden ist. Das ist wahrlich Frevel*“[253] betrachten Hanafiten und Hanbaliten auch das Sprechen der Basmala als obligato-

249 Fetâvâ, 2015, S. 200; Çayıroğlu, 2014, S. 418f.

250 Buhârî, Hîba, 27; Muslim, Salam, 45; Çayıroğlu, 2014, S. 417f.

251 Çayıroğlu 2014, S. 419

252 Sure Mâida, 5:3

253 Sure An'âm, 6:121

risch. Falls dies vergessen wird, gilt das Fleisch dennoch als halal. Falls die Basmala jedoch bewusst nicht ausgesprochen wird, ist es nicht erlaubt, von dem Fleisch zu konsumieren. Dieses Kriterium gilt auch dann, wenn ein Muslim das Tier schlachtet.[254] Nach Ansicht der schafiitischen und malikitischen Gelehrten ist dies nicht zwingend notwendig (auch wenn die Basmala absichtlich nicht ausgesprochen wird, darf man von dem Fleisch konsumieren), jedoch darf bei der Schlachtung auch kein anderer Name als Allahs Name ausgesprochen werden.

3. Es reicht aus, wenn das (nach islamischen Richtlinien reine) Tier nach den religiösen Vorschriften der Ahl al-Kitâb geschlachtet wurde, solange die Schlachtung durch einen Kehlschnitt erfolgt.[255]

Grundsätzlich gilt, dass das Tier durch einen Kehlschitt geschlachtet werden muss. Nach mehrheitlicher Gelehrtenmeinung ist das vorherige Aussprechen der Basmala nicht zwingend notwendig, jedoch darf die Schlachtung des Tieres auch nicht im Namen eines Anderen außer Allah erfolgen. Es wird überliefert, dass Imam az-Zuhrî sagte: *„Der Verzehr des Schlachtviehs der christlichen Araber stellt keine Probleme dar. Wenn du jedoch mitbekommst, dass die Schlachtung im Namen eines Anderen erfolgt, so iss nicht davon. Falls du nichts davon erfahren solltest, so wisse, dass Allah ihr Geschlachtetes erlaubt hat, obwohl er von ihrem Kufr (Unglauben) weiß.“*[256]

---

254 Fetâva, 2015, S. 200

255 Fetâvâ, 2015, S. 201

256 Buhârî, Zabaîh, 22

Hier stellt sich natürlich die Frage, wie es beispielsweise mit dem Fleisch aus dem deutschen Supermarkt aussieht, das i. d. R. kein Halal- oder Koscher-Siegel trägt. Hier kann man zwar davon ausgehen, dass bei der Schlachtung kein anderer Name außer Gottes ausgesprochen wird, jedoch ist nicht bekannt a) von wem das Tier geschlachtet wurde und ob der Schlachter von den Ahl al-Kitâb ist und b) nach welcher Methode geschlachtet wurde und ob die Schlachtung mittels eines Kehlschnittes erfolgt ist.

Zusammenfassend kann man sagen, dass es für muslimische Konsumenten erlaubt ist, das Fleisch zu konsumieren, welches von Juden oder Christen geschlachtet wurde. Hierbei ist es obligatorisch, dass das Tier durch einen Kehlschnitt geschlachtet werden muss und es darf kein anderer Name außer dem einen, allmächtigen Gottes gesprochen wird. Bezüglich der Aussprache der Basmala gilt nach der Mehrheit der Gelehrten, dass es bei einer Schlachtung durch die Ahl-al Kitâb nicht Pflicht ist, dass das Tier im Namen Gottes geschlachtet werden muss. Die einzige Ausnahme bildet hier, wenn eindeutig bekannt ist, dass das Tier im Namen eines anderen außer Gottes, geschlachtet wurde. In diesem Fall darf man nicht von dem Fleisch konsumieren. Falls dies jedoch nicht bekannt ist, geht man vom Guten aus und der Verzehr wäre erlaubt.

Koscher – Jüdische Speisevorschriften

Auch im Judentum gibt es bestimmte Speisevorschriften. Diese stimmen größtenteils mit denen des Islams überein, sind aber nicht deckungsgleich. Lebensmittel, die nach den jüdischen Speisevorschriften erlaubt sind, werden als „koscher“ bezeichnet. Das Gegenteil von „koscher“ ist

„taref". Da in Deutschland neben der Halal-Zertifizierung auch viele als koscher ausgewiesene Produkte angeboten werden, ist es wichtig zu wissen, nach welchen Kriterien ein Produkt als koscher deklariert wird, und inwiefern ein muslimischer Verbraucher sich an einem koscher-Label orientieren kann.

Die jüdischen Speisevorschriften schreiben eine strikte Trennung „fleischiger" und „milchiger" Speisen vor. Lebensmittel, die weder Fleisch noch Milch enthalten, werden als „parve" (neutral) bezeichnet. Weiterhin gilt, dass nur Paarhuferer und Wiederkäuer verzehrt werden dürfen. Schweine, Hasen, Kamele oder Pferde dürfen nicht gegessen werden. Sowohl Geflügel als auch Großvieh wie Schafe, Ziegen oder Kühe müssen von einem ausgebildeten jüdischen Schächter, Schochet genannt, geschächtet werden. Eine Betäubung vor der Schächtung ist nach den Zertifizierungskriterien strikt untersagt.

Wassertiere, die keine Schuppen und Flossen besitzen, gelten nicht als koscher. Ein Verbot gilt auch für alle tierischen Fette, die von nicht koscheren Tieren stammen, für Insekten, tierisches Lab, eine Gelatinefilterung und Alkohol, der aus Trauben oder Wein stammt.[257]

Alkohol ist im Judentum erlaubt und gilt damit als koscher. Jedoch herrschen für die Verwendung von vergorenen Trauben, z. B. für die Weinproduktion, besondere Regeln, sodass für alle Produkte aus Weintrauben eine Koscher-Zertifizierung benötigt wird.[258]

---

257 kosher-germany, k. A.

258 https://www.dlg.org/de/lebensmittel/themen/publikationen/expertenwissen-foodchain/koschere-lebensmittel

Von welchen Voraussetzungen kann ein muslimischer Verbraucher beim Kauf koscherer Produkte also ausgehen?

Ein als koscher zertifiziertes Produkt ist frei von:

- Emulgatoren tierischer Herkunft
- tierischen Fetten
- tierischem Lab (wird nur von manchen als koscher angesehen)
- Karmin (E120)
- Schellack (E904)
- i. d. R. Gelatine (Fischgelatine und Rindergelatine aus koscheren Tieren ausgeschlossen)
- Blut und Fleisch von nicht-koscheren Tieren[259]

259 Jüdische Gemeinde Marburg, 2010

Gerüchte, Kettenmails und unseriöse Informationen

Muslimische Verbraucher können, sofern keine als halal zertifizierten Lebensmittel zur Verfügung stehen, also bedenkenlos auch auf koschere Produkte zurückgreifen.

Im Zeitalter des Internets werden wir täglich von einer regelrechten Informationsflut überschwemmt. Wie oft machen wir uns die Mühe, Nachrichten, die in unserem News Feed erscheinen oder in einer unserer zahlreichen WhatsApp-Gruppen verschickt werden, auf ihre Richtigkeit zu überprüfen? Wie oft eine Meldung geteilt wurde, ist kein Indiz für ihren Wahrheitsgehalt. Im Gegenteil sollte genau das kritische Fragen hervorrufen.

Die bevorzugt in den sozialen Medien zirkulierenden Gerüchte ranken sich meist um die immer gleichen Produkte. Diese enthalten angeblich Alkohol, Schweinefett oder Knochen und Blut von Schweinen, Ratten und sogar Menschen. Vom mit Schweinefett präparierten Backpapier über den mit Gelatine stabilisierten Würfelzucker bis zu angeblichen Geheimrezepten, bei denen Blut und Tierorgane eingesetzt werden – die Liste der Absurditäten ist lang.

Dass solche Falschinformation, die offensichtlich nur dazu dienen, Aufmerksamkeit zu erregen, trotzdem bei so vielen Menschen verfangen, mag an der transparenten

Herstellung vieler Produkte und der kryptischen Bezeichnung der Inhaltsstoffe liegen.Durch Lebensmittelskandale wird das Gefühl der Verunsicherung bei den Verbrauchern noch gesteigert.

Gerüchte kritisch prüfen

Um mehr über die Auswirkungen solcher Gerüchte zu erfahren, habe ich eine kleine Erhebung durchgeführt:

Etwa 40% der von mir befragten 550 Teilnehmer gaben an, mindestens einmal ein Gerücht über die Produkte Nutella, Toffifee, Raffaello und die Sun Snacks Knabberartikel der Supermarktkette Aldi gehört zu haben. Ungefähr 8% der Befragten leiten diese Informationen direkt an ihr Umfeld weiter, ohne ihre Richtigkeit zu prüfen. Persönliche Erfahrungen auf dem eigenen Facebook-Account lassen mich vermuten, dass die Dunkelziffer sogar noch wesentlich höher ist. Beiträge, die solche Gerüchte in Umlauf bringen, werden dort tausendfach geteilt.

Jeder fünfte Teilnehmer (19%) gab an, noch nie die Richtigkeit einer Behauptung überprüft oder dies zumindest versucht zu haben. Eine solche Recherche könnte z. B. die Anfrage beim Hersteller des betroffenen Produktes oder die Kontaktaufnahme mit vertrauenswürdigen Plattformen beinhalten.

In keinem Fall aber sollten die Meldungen kommentarlos in Gruppen von Social Media-Nutzern mit großer Reichweite geteilt werden. Studien haben gezeigt, dass Artikel oft gar nicht gelesen werden. Ein Bild und eine entsprechende Überschrift reichen aus, um einen Empörungssturm auszulösen. So kann der Teufelskreis nicht durchbrochen werden.

Erfreulicherweise fragte aber auch jeder Zweite (49,5%) nach einer authentischen Quelle. 31% der Befragten haben bereits bei weniger als fünf Produkten versucht, die Richtigkeit einer Behauptung zu prüfen.

Oft basieren die Gerüchte auf veralteten Angaben. Längst wird zur Beschichtung von Backpapier Silikon statt Fett eingesetzt, beim Raffinieren von Zucker kommt keine Tierkohle mehr zum Einsatz, und Würfelzucker nicht mit Gelatine, sonern Wasser angefeuchtet und in Formen gepresst. Zucker ist in Deutschland also ein veganes Lebensmittel. Auch die Behauptungen rund um Nutella, Toffifee und Raffaello entsprechen nicht der Realität. Trotzdem halten sich bestimmte Annahmen über deren Inhaltsstoffe hartnäckig.

In der Befragung wurde den Teilnehmern eine Reihe von Inhaltsstoffen vorgelegt, die sich angeblich in den Produkten befinden, und gefragt, ob sie dies für richtig halten. Die Antworten sind unten aufgeführt.

Weit verbreitete Gerüchte zu ...

Nutella

- enthält Schweinefett (20,5%)
- enthält Blut (von Menschen, Ratten, Schweinen) (19,3%)
- enthält Knochen (2,7%)
- Nuss mit Alkohol verarbeitet (0,2%)
- enthält Gebärmuttergewebe (0,2%)
- enthält Schweinehaare/-reste/Tierklauen (0,2%)

Toffifee

- Nuss wird in Alkohol getränkt (16,9%)
- Pralinen werden mit Alkohol besprüht (16,2%)
- Verpackung mit Gelatine/Alkohol eingerieben (9,8%)
- enthält Alkohol (2,5%)

Raffaello

- nicht für eine islamische Ernährung geeignet (26,4%)
- Nuss wird in Alkohol getränkt (11,1%)
- enthält tierisches Lab (7,3%)

Alle drei Produkte enthalten aktuell keine bedenkliche Stoffe. Trotzdem gaben 34,5% der Teilnehmer an, sich auch weiterhin von Produkten fernhalten zu wollen, über die sie schon einmal etwas bedenkliches gehört haben, auch wenn diese Behauptungen nicht der Wahrheit entsprächen. Sie begründen diesen Entschluss mit dem Rat des Propheten, sich von Zweifelhaftem fernzuhalten und stattdessen Alternativen zu wählen, die keinen Zweifel wecken. Auch wenn dieser Grundsatz selbstverständlich richtig ist, geht es hier um etwas anderes. Es wird bewusst eine Lüge in die Welt gesetzt, die auch den Ruf des betroffenen Herstellerunternehmens schädigt. Auch muslimishe Verbraucher sind dazu vepflichtet, den Wahrheitsgehalt von Behauptungen zu prüfen. Denn im Koran heißt es: *„O die ihr glaubt, wenn ein Frevler zu euch mit einer Kunde kommt, dann schafft Klarheit, damit ihr (nicht einige) Leute in Unwissenheit (mit einer Anschuldigung) trefft und dann über das, was ihr getan habt, Reue empfinden werdet.“*[260]

---

260 Sure Hudschurât, 49:6

Wenn wir uns also trotz einer eindeutigen Widerlegung der Behauptungen auch weiterhin von solchen Gerüchten beeinflussen lassen, unterstützen wir die Lügner. Stattdessen sollten wir uns nur von der Wahrheit leiten lassen, um niemandem Unrecht zu tun.

Herstelleranfragen

Wie in den einzelnen Kapiteln bereits betont wurde, müssen viele Inhaltsstoffe, die nach aktueller Gesetzeslage nicht deklarationspflichtig sind, direkt bei dem Hersteller erfragt werden. Die bestehenden Gesetzeslücken sorgen nicht nur für Intransparenz, sondern bedeuten für muslimische und jüdische Konsumenten, aber auch für Vegetarier und Veganer einen zusätzlichen Aufwand.

Die nachfolgenden Musterbriefe sollen die Kontaktaufnahme mit den Herstellern erleichtern. Sie können selbstverständlich je nach konkreter Frage individuell überarbeitet und textlich angepasst werden.

Zudem sei darauf hingewiesen, dass mit einer einmaligen Anfrage beim Hersteller die Probleme muslimischer Konsumenten nicht endgültig gelöst ist. Denn Zutaten, Hilfsstoffe und Lieferanten können sich jederzeit ändern, der Verbraucher müsste deshalb in regelmäßigen Abständen um eine Aktualisierung der Informationen bitten.

Trotzdem können verstärkte Anfragen muslimischer Verbraucher ein Signal an die Lebensmittelhersteller senden, sich um eine dauerhafte Lösung zu bemühen. Vegetarier, Veganer, Allergiker und andere Konsumentengruppen haben es vorgemacht: Immer mehr Hersteller setzen inzwischen auf vegetarische Alternativen und kennzeichnen ihre Produkte als vegan, vegetarisch bzw. mit dem Zusatz „ohne Alkohol".

Eine endgültige und sichere Lösung wäre die Halal-Zertifizierung, welche die Hersteller zur Kennzeichnung ihrer Produkte und zur Information über Rezepturänderungen und Wechsel von Rohstofflieferanten verpflichten würde. Außerdem wären aufgrund der Kriterien der Zertifizierungsstellen Kreuzkontaminationen ausgeschlossen, da als haram eingestufte Produkte nicht in derselben Produktionsanlage wie halal Produkte hergestellt und verarbeitet werden dürften. Ein einheitliches Halal-Siegel, das bei Verstößen auch aberkannt werden kann, würde den Kunden Sicherheit in Bezug auf ihre Lebensmittel bieten.

Noch schneller als ein Anschreiben an die Hersteller geht eine Kontaktaufnahme mit ihren Großkunden der Lebensmittelindustrie. Dazu gehören Ketten wie Aldi, Metro, Lidl, Rewe/Penny, Netto, Edeka etc. Sobald genug Muslime diese Lebensmitteleinzelhandels-Ketten (LEH) auf sich aufmerksam gemacht haben, und eine der LEH sich entscheidet, auch kontrollierte Halal-Produkte anzubieten, besteht für die Konkurrenten ein ausreichend großer Anreiz, die eigenen Produkte als halal zertifizieren zu lassen. Um die Anfragen zur erleichtern, wurde ein Gerüst an Fragen vorbereitet, an dem sich die Kunden beim Verfassen von Briefen oder E-Mails an die LEH orientieren können.

Wichtig ist es, im dem Schreiben/der E-Mail zu erwähnen, dass Muslime verpflichtet sind, sich islamkonform zu ernähren, sie gerne bei dem Lebensmittelhändler einkaufen würden, bei vielen Produkten in Bezug auf Halal-Konformität jedoch Bedenken vorhanden sind und man um eine Liste von Produkten mit einem (authentischen) Halal-Siegel mit Angabe des Halal-Zertifizierers bittet.

Die LEH haben keine Liste mit authentischen Halal-Produkten. Ziel ist es, auf die Nachfrage aufmerksam zu machen und die LEH dazu zu motivieren, sich in dieser Hinsicht aktiv für die Interessen ihrer Kunden zu engagieren.

Das Thema islamkonforme Ernährung ist an sich schon sehr komplex. Zudem gibt es unter den Gelehrten keinen Konsens in Bezug auf die Bewertung eines Großteils der Inhaltsstoffe. Muslimische Konsumenten sollten sich trotz der Notwendigkeit umfangreicher Recherche aber nicht entmutigen lassen, denn: *„Allah hat manche Sachen als verpflichtend (farz) eingestuft, vernachlässigt diese nicht. Er hat manche Grenzen gesetzt, überschreitet diese nicht. Er hat manche Sachen untersagt (haram), lässt diese nicht außer Acht. Nicht aus Vergesslichkeit, sondern aufgrund seiner Barmherzigkeit euch gegenüber, hat er zu manche Sachen nichts befohlen, hinterfragt auch diese nicht.“*[261]

---

261 Hâkim, al-Mustadrak, IV, S. 129 (7114); Bayhakî, as-Sunan al-kubrâ, X, S. 12 (20217); Çayıroğlu, 2014, S. 41

Nachwort

Auch in puncto Halal-Ernährung sollte ein gesundes Mittelmaß beibehalten werden. Deshalb habe ich mich in diesem Buch darum bemüht, die zu bestimmten Themen und Stoffen existierenden Meinungen so objektiv wie möglich abzubilden. Trotzdem empfiehlt es sich, bei weiteren Fragen und Unklarheiten einen vertrauenswürdigen Gelehrten aufzusuchen.

Es wäre natürlich wünschenswert, beim Einkauf auf einen transparenten Kriterienkatalog zurückgreifen zu können. Bislang ist die Zahl der Zertifizierungsstellen, die dazu bereit sind, ihre Kriterien offen zu legen und damit eine Orientierungshilfe für muslimische Verbraucher zu bieten, jedoch sehr gering.

Ich hoffe, dass dieses Buch zu mehr Bewusstsein auf der Verbraucherseite beiträgt, auf der anderen Seite aber auch Anstoß zur Erarbeitung tragfähiger Lösungsansätze gibt. Dies gilt vor allem für bestehende Gesetzeslücken. Für jede Art von konstruktiver Kritik, Anregungen und Vorschläge bin ich dankbar.

Anhang

Allgemeine Anfrage

Sehr geehrte Damen und Herren,

ich möchte gerne wissen, ob das Produkt XYZ tierische oder alkoholische Bestandteile enthält.

- ◇ Sind die Emulgatoren und die restlichen Inhaltsstoffe pflanzlicher Herkunft?
- ◇ Können in den Aromen oder Extrakte Spuren tierischer oder alkoholischer Herkunft vorkommen?
- ◇ Sind Zutaten enthalten, die mit Ethanol (Alkohol) gelöst oder extrahiert werden?
- ◇ Können eingesetzte Konzentrate/Fruchtsäfte mit Gelatine gefiltert werden?
- ◇ Kommt Gelatine als Trägerstoff (z. B. bei Vitaminen oder Farbstoffen) zum Einsatz?
- ◇ Welches Lab wird eingesetzt und sind Kreuzkontaminationen mit tierischen (außer Milch, Ei etc.) und alkoholischen Substanzen vollkommen auszuschließen?
- ◇ Werden bei Herstellung oder Verpackung nicht-vegetarischen oder alkoholische Substanzen eingesetzt?

Ich danke Ihnen im voraus.

Mit freundlichen Grüßen

Anfrage für Fleischprodukte

Sehr geehrte Damen und Herren,

ich würde gerne in Erfahrung bringen, ob die von Ihrer Firma hergestellten Fleischprodukte halal sind. Dabei interessieren mich vor allem folgende Fragen:

◇ Wie und unter welchen Verhältnissen werden die Tiere gehalten?

◇ Wurde für das Produkt ein Halal-Zertifikat ausgestellt? Wenn ja, von welchem Institut?

◇ Werden die Tiere vor der Schlachtung mit Verfahren wie Elektroschock, Wasserbadbetäubung, Bolzenschuss, Gaseinsatz oder sonstigen Mitteln betäubt?

◇ Wie und von wem werden die Tiere geschlachtet?

◇ Wird bei der Schlachtung darauf geachtet, dass die Tiere vollständig ausbluten?

◇ Mit welcher Methode werden die Federn entfernt?

◇ Können bei Halal-Produkten Kreuzkontaminationen mit anderen Produkten vollkommen ausgeschlossen werden?

Ich freue mich auf Ihre Antwort.

Mit freundlichen Grüßen

Einkaufsliste

Die nachfolgende praktische Einkaufsliste bietet einen Überblick über alle in diesem Buch besprochenen bedenklichen Lebensmittelzusatzstoffe. Die Angaben basieren auf lebensmittelchemischen Untersuchungen und Herstellerangaben. Die Liste soll lediglich als Orientierungshilfe dienen und ist nicht als endgültige Wertung zu verstehen. Bestehende Meinungsverschiedenheiten in Bezug auf einen großen Teil der aufgeführten Zusatzstoffe wurden in den einzelnen Kapiteln bereits ausführlich dargestellt

Zutat	**Beurteilung**
Karmin (E120)	Je nach Rechtsschule (Hanafi, Schafii und Hanbali) zu vermeiden.
Mono- und Diglyceride von Speisefettsäuren (E471-E472), Glycerin (E422)	Werden heutzutage i. d. R. aus pflanzlichen Stoffen gewonnen.
Cystein (E920/ E921)	Auf ein veggie-Label auf dem Produkt achten; ansonsten Ursprung erfragen.
Gelatine, Speisegelatine, Kollagen	Gelatine (auch Speisegelatine) und Kollagen sind immer tierischen Ursprungs. Ggf. die Tierart, aus der die Gelatine gewonnen wurde und Halal-Konformität erfragen.

Süßmolkepulver, Molkenpulver, Lab	Herstellung mit tierischem Lab möglich. Je nach Rechtsschule (Schafii, Maliki, Hanbali) Labart erfragen. Mikrobielles Lab gilt als halal.
Fruchtsaft, Saft, Konzentrat	Filtrationsmethode erfragen, da eine Klärung mit Gelatine nicht immer ausgeschlossen werden kann. Bei vegan/vegetarischem Label wird keine Gelatine verwendet.
Aroma	Ethanol kann als Trägerstoff fungieren; Art des Trägerstoffs ggf. erfragen.
Aromen in Chips- und Knabberprodukten	Zusatz von Fleischbestandteilen als Geschmacksverstärker möglich. Ursprung des Aromas erfragen.
Weinessig, Branntweinessig	Je nach Rechtsschule (Schafii, Maliki, Hanbali) zu vermeiden.
Weißweinextrakt	Verzehr untersagt.
Ethylalkohol, Wein, Kirschwasser, Sherry, Likör, Rum, Amaretto und alle weiteren alkoholische Flüssigkeiten	Der Verzehr von berauschenden Getränken gilt als haram.

Alle weiteren Zutaten, die offensichtlich Bestandteile nicht halal geschlachteter Tiere, berauschende/alkoholische oder gesundheitsschädliche Stoffe enthalten	Beispielsweise Speck, Schinken-Aroma, Fleischextrakt, Gulasch, Pankreatin, Rotwein, Baileys, Punsch, Weinbrand usw. sind untersagt.

Produktbezeichnung	**Begründung**
Käse, Mozzarella	Kann mit tierischem Lab hergestellt worden sein (bei Schmelzkäse/Toastkäse und Parmesan werden i. d. R. immer tierisches Lab verwendet); ggf. Ursprung erfragen.
Chips und Knabberprodukte	Falls Aromen enthalten sind, sollte der Ursprung des Aromas hinterfragt werden, da der Einsatz tierischer Fleischbestandteile als Geschmacksverstärker möglich sind.
Backwaren	Einsatz von Cystein tierischen Ursprungs erfragen. Das Vorkommen in Discounter-Backwaren ist in der Praxis jedoch kaum vorhanden.

Proteinprodukte	Viele Proteinprodukte wie Proteinbars enthalten die Zutat Kollagenhydrolysat, welches immer tierischen Ursprungs ist. Zumeist stammt es vom Schwein und manchmal vom Rind. Vegetarische oder vegane Alternativen sollten bevorzugt werden.
Torten	Enthalten i. d. R. immer Gelatine. Ursprung der Gelatine erfragen.
Fertigprodukte wie Pizzen, Salat usw.	Verunreinigungen z. B. mit Salami oder Schinken können je nach Hersteller vorkommen. Hersteller um genauere Informationen bitten oder auf ein veggie-Logo auf der Verpackung achten
Hamburgerbrötchen/Buns	Die Innenseite der Verpackung wird i. d. R. zur Haltbarmachung mit Alkohol benetzt. Wenn dies der Fall sein sollte, ist normalerweise ein Hinweis auf der Verpackung nachzulesen. Da der Alkohol mit den Brötchen in Berührung kommt, sollten Alternativen bevorzugt werden.

Frischer Blätterteig	Frischer Blätterteig aus dem Kühlregal enthält üblicherweise Ethylalkohol (Ethanol). Da keine vollständige Verdampfung des Alkohols gewährleistet werden kann, sollte Blätterteig ohne Alkohol bevorzugt werden.
Ketchup, Mayonnaise, Senf, Remoulade	Enthalten gewöhnlich Branntweinessig. Je nach Rechtsschule (Schafii, Maliki und Hanbali) zu vermeiden

Fruchtsaft, Saft, Konzentrat	Filtrationsmethode erfragen, da eine Klärung mit Gelatine nicht immer ausgeschlossen werden kann. Bei einem vegan/vegetarisch Label kann davon ausgegangen werden, dass keine Gelatine verwendet wurde.

Bei manchen Herstellern, die auch Produkte mit tierischen Bestandteilen oder alkoholischen Stoffen verarbeiten, sind Kreuzkontaminationen (Verunreinigungen) nicht immer vollständig auszuschließen. Durch bestimmte Reinigungsprozesse können solche unbeabsichtigten Übertragungen vermieden werden, jedoch hängt dies vom jeweiligen Hersteller ab. Für genauere Informationen kann diesbezüglich der Hersteller befragt werden.

Literaturliste

Abdurrazzâk, Abû Bakr Abdurrazzâk bin Hammâm: al-Musannaf. Al-Madschlis al-Ilmî: Beirut, 1983.

Abû Dâwûd, Sulaymân bin Al-As'as as-Sidschistâni: Sunan Abî Dâwûd. Dâr al-Kutub al-Arabî: Beirut. o. J.

Affâne, Husamaddîn bin Mûsâ: Yas'alûnaka. Maktabatu Dandis: Al-Halil, 2007.

Akgündüz, Ahmet: Helâl Gıda Meselesi ve Yaşanan Problemler. In: 1. Ulusal Helâl Gıda Konferansı, 2008.

Akgündüz, Ahmet: 1. Helal Gıda Problemi Ve Konuyla İlgili Sorular. http://ahmetakgunduz.com/?p=146, 2013. Stand: Juni 2019.

Akşit, Cevat: Prof. Dr. Mustafa Cevat Akşit Hocaefendi ile Röportaj. http://www.cevaplar.org/index.php?content_view=4692&ctgr_id=59, 2011. Stand: Juni 2019.

Ali al-Kâri, Sadr asch-Scharîa Ubaydullâh bin Mas'ûd al-Mahbûbî: Fath al-Bâb al-Inâya bi Scharhin-Nukâya. Dâr al-Arkam: Beirut, o. J.

Alkoholfrei: „Alkoholfrei" oder „ohne Alkohol". http://www.alkoholfrei.de/produktinfos/alkoholfrei-oder-ohne-alkohol/, k. A. Stand: August 2019.

Bâr, Muhammad Ali: Al-Hamr bayn at-Tibbi wal Fikh. 1978.

Basalla, Katrin: Der riesige ungenutzte Markt: Halal-Food in Deutschland. https://www.jetro.go.jp/germany/Lebensmittel/index.html/Halal.pdf, k. A. Stand: August 2019.

Beşer, Faruk: Helal Gıda. In: 4. Güncel Dini Meseleler İstişare Toplantısı. http://www.gazete3.com/haber.php?haber=27568, 2011. Stand: August 2019.

Bayhakî Abû Bakr Ahmad bin al-Husayn bin Ali: As-Sunan al-kubrâ. Dâirat al-Maârif al-Usmaniyya: Hydarabad, 1344.

BgVV (Bundesinstitut für gesundheitlichen Verbraucherschutz und Veterinärmedizin): Tierschutzgerechte Bolzenschussbetäubung, 2001. Stand: Juni 2019.

Bienerth, Martin: Labspuren – Spuren von Lab. http://www.zalp.ch/archiv/zalps/ten/te_la.html, k. A. Stand: Juni 2019.

Biofair-Vereint: Voll im Saft. http://www.biofair-vereint.de/bio-regional-fair/qualitaet-regionalitaet/voll-im-saft.html, k. A. Stand: Juni 2019.

Blume, Rüdiger: Emulsionen: Gemische, die es eigentlich nicht geben dürfte. http://www.chemieunterricht.de/dc2/milch/emulsion.htm, 2016. Stand: Juli 2016.

Boran, Gökhan: Bir Gıda Katkısı Olarak Jelatin: Yapısı, Özellikleri, Üretimi, Kullanımı ve Kalitesi. In: Gıda Teknolojileri Dergisi, 2011, S. 97-104.

Buhârî, Abû Abdullâh Muhammad bin Ismâîl: Al-Dschâmi as-Sahîh. Dâr al-Kutub al-Ilmiyya: Beirut, 1994.

Buhûtî, Mansûr bin Yûnus bin Idrîs: Kaschâf al-Kina al Metn al-Ikna. Dâr al-Fikr: Beirut, 1402.

Bundesinstitut für Risikobewertung (BfR): Aromastoffe und Aromen. http://www.bfr.bund.de/de/aromastoffe_und_aromen-54440.html#top, k. A. Stand: Juni 2019.

Büyüközer, Hüseyin Kami: Yeniden Gıda Raporu. Istanbul, 2011b.

Büyükünal S. Kemal; Vural, Aydın: Kasaplık Hayvanlarda Kesim Öncesi Bayıltma Uygulamaları. http://www.dunyagida.com.tr/haber.php?nid=607, k. A. Stand: August 2019.

Cavdar, Ibrahim: Zu der Frage des rituellen Schächtens (Zabh). 1996.

Çayıroğlu, Yüksel: Helâl Gıda. Işık Yayınları: Istanbul 2014.

Çeker, Orhan: İstihale. In: 1. Ulusal Helal ve Sağlıklı Gıda Kongresi Kitabı. Ankara 2011.

Dârakutnî, Abûl-Husayn Ali bin Umar: Sunan ad-Dârakutnî. Dâr al-Marifa: Beirut, 2006.

Das-ist-drin: E440 – Pektin, amidiertes Pektin. http://das-ist-drin.de/glossar/e-nummern/e440-pektin-amidiertes-pektin/, k. A. Stand: Juni 2019.

E120 – Cochenille; Karminsäure; Karmin/Karminsäure. http://das-ist-drin.de/glossar/e-nummern/e120-cochenille-karminsaeure-karmin—karminsaeure/, k. A. Stand: Juni 2019.

E904 – Schellack. http://das-ist-drin.de/glossar/e-nummern/e904-schellack/, k. A. Stand: Juni 2019.

Deutscher Verband der Aromenindustrie (DVAI): Alkohol in Aromen. http://www.aromenhaus.de/fakten/aromen_alkohol1/, 2012. Stand: Juni 2019.

Die Woche: 3.4.1998

Döndüren, Hamdi: Gıda Katkı Maddeleri ve Istihlâk. In: 1. Ulusal Helal ve Sağlıklı Gıda Kongresi Kitabı. Ankara, 2011.

Döndüren, Hamdi: Helal Gıda ve Gıda Maddelerinde Istihâle ve Tegayyür. 2010.

Drösser, Christoph: Haare im Brötchen. http://www.zeit.de/2001/20/200120_stimmts_haare_im.xml, 2001. Stand: Juni 2019.

al-Dschassas, Abû Bakr Ahmad bin Ali er-Râzi, Ahkâmu'l-Kur'ân. Ravza Yayınları. Istanbul, 2018.

Duways. Ahmad bin Abdurrazzâk: Fatâwa al-Ladschnat ad-dâimati lil-Buhûs al-Ilmiyyat wal-Iftâ. Dâr al-Muayyida. Riad, 1424.

Abû Zahra, Muhammad: Fatâwâ. Dâr al-Kalam, Damaskus 2006.

Abû Zayd, Dschumana Muhammad Abdurrazzâk: Al-Intifa bil-a'yanil-Muharrama min al-At'ima wal-Asriba wal-Albisa. Masterarbeit. Dâr an-Nafâis. Amman, 2005.

Eitelmann, Marco: Ist Polyglycerin E476 trotzt Grenzwert ungesund und schädlich in Lebensmitteln?. http://www.alternativ-gesund-leben.de/ist-polyglycerin-e476-trotz-grenzwert-ungesund-und-schaedlich-in-lebensmitteln/, 2015. Stand: Juni 2019.

Dârimî, Abdullâh ibn Abdurrahmân: Sunan Dârimî. Kanpur, 1293.

Elgün, Adem: Alkollü İçkiler ve Gıdalarda Alkol. In: 1. Ulusal Helal ve Sağlıklı Gıda Kongresi Kitabı. Ankara, 2011.

Emin, Muhammed: Bayıltarak Hayvan Kesimine Dair. In: IV. Güncel Dinî Meseleler İstişare Toplantısı „Helâl Gıda". Afyon, 2011.

Erkin Bilal: Massentierhaltung, Industrie und Rechtssprechung gestalten die Suche nach Halal-Fleisch schwierig. http://www.islamische-zeitung.de/massentierhaltung-industrie-und-rechtssprechung-gestalten-die-suche-nach-halal-fleisch-schwierig/, 2013. Stand: Juni 2019.

Erpiliç, Kuru Yolum. http://www.kuruyolum.com.tr/, 2017. Stand: März 2019.

EUR-Lex (Acces to Euopean Union Lax): http://eur-lex.europa.eu/legal-content/DE/TXT/?uri=CELEX:32011R1169, 2011. Stand: Juni 2019.

Europäisches Halal Zertifizierungsinstitut (EHZ). http://www.eurohalal.eu. Stand: Januar 2019.

Europäische Kommission – Bericht der Kommission an das Europäische Parlament und den Rat über die verschiedenen Betäubungsverfahren für Geflügel. Brüssel, Dezember 2013.

Eytzinger: Schellack – das Multitalent in der Vergolderwerkstatt. http://www.eytzinger.de/vergolder-techniken/schellack-loesen-verarbeiten/, k. A. Stand: Juni 2019.

Fetâvâ – IGMG Din İstişare Kurulu Araştırma ve Kararları – I. PLURAL Verlag. Köln, 2015.

Fatawâ Madschmûa al-Ulâ: Der Europäische Rat für Fatwa und Forschung. Maktabat al-Îmân. Kairo, 1999.

GME (Gelatine Manufacturers of Europe): Fragen und Antworten der Gelatine Industurie. http://www.gelatine.org/de/metanavigation/top/faq.html, 2016. Stand: Juni 2019.

Gürbüz, Ümit: Kesim Teknolojisi ve Helâl Et Kavramının Değerlendirilmesi. In: IV. Dini Meseleler İstişare Toplantısı „Helâl Gıda“. Afyon, 2011.

Hâkim, Abû Abdullâh Muhammad bin Abdullâh an-Nisâburî: Al-Mustadrak alas-Sahihayn. Dâr al-Kutub al-Ilmiyya. Beirut, 1990.

Halal-Control: Ist herkömmliche Gelatine halal? http://www.halal.de/, 2002. Stand: August 2019.

Hammâd, Nezih Kemal: Al-Adwiyat al-Mustamilatu al-al-Kuhûl wal-Muhaddirât. In: Madschallatu Madschma al-Fikh al-Islâmî, 2003, Heft: 16, S. 69-120.

Hammâd, Nezih Kemal: Al-Mavâddu al-Muharramatu wan-Nadschisât fi al-Gizâi wa ad-Dawâi bayn an-Nazariyyati wa at-Tatbîk. Dâr al-Kalam. Damaskus, 2011.

Hannover.ihk: Halal: Produktion nach Vorgaben. Zertifikat mit Zukunft. http://www.hannover.ihk.de/fileadmin/data/Bilder/Allgemein_IHK/NW/Halal_Maerkte_und_Moeglichekeiten_NW11_2010.pdf, 2010. Stand: August 2019.

Hattâb, Schams ad-Dîn Abû Abdullâh Muhammad bin Muhammad bin Abdurrahmân al-Magribî: Mawâhib al-Dschalîl li Scharhi Muhtasari Halîl. Dâr Âlam al-Kutub. Riad, 2003.

Herbstreith&Fox: Pektin – Das Naturprodukt. http://www.herbstreith-fox.de/fileadmin/tmpl/pdf/broschueren/Naturprodukt_deutsch.pdf, k. A. Stand: Juni 2019.

Hug, Peter: Molken. http://peter-hug.ch/lexikon/molken, k. A. Stand: Juni 2019.

Ibn Abî Schayba, Abû Bakr Abdullâh bin Muhammâd al-Kûfî: Musannaf Ibn Abî Schayba. Sirkatu Dâr al-Kibla. Dschidda, 2006.

Ibn al-Humâm, Kamâl ad-Dîn Muhammad bin Abdurrahmân: Fath al-Kadîr. Dâr al-Kutub al-Ilmiyya. Beirut, 2003.

Ibn Kudâma, Abû Muhammad Abdullâh bin Ahmad bin Muhammad al-Makdîsî as-Sâlihî: al-Mugnî. Dâr al-Fikr. Beirut, 1405.

Ibn Mâdscha, Abû Abdullâh Muhammad bin Yazid al-Kazvinî, Sanan Ibn Mâdscha. Dâr al-Fikr. Beirut, o. J.

Ibn Munzir, Abû Bakr Muhammad bin Ibrâhîm: Al-Idschmâ. Dâr al-Muslim: 2004.

Ibn Nudschaym, Zayn ad-Dîn Zayn bin Ibrâhîm bin Muhammad: Al-Bahr ar-Râik Scharhu Kanz ad-Dakâik. Dâr al-Ma'rifa. Beirut, 1311.

Ibn Ruschd, Abul Faradsch Abdurrahmân bin Ahmad bin Ruschd el-Kurtûbî: Bidâyat al-Mudschtahid wa Nihâyat al-Muktasid. Maktabat al-Madaniyya. Ägypten, 1975.

IRH (Islamische Religionsgemeinschaft Hessen): Halal Schächten – Entwicklung 1995-2001. 2005. Stand: Juli 2019.

Johannsen, Stefan: Schlachttechnik. Ausschuss für Biologische Arbeitsstoffe (ABAS), Abschlussbericht. 2002.

Jüdische Gemeinde Marburg: Koscher und Halal: So ähnlich und doch nicht gleich. http://www.zwst-hadracha.de/cms/documents/11450/de_DE/Koscher%20und%20Halal.pdf, 2010-2011. Stand: Juli 2019.

Kalender, Fatih: Kuru Yolma-Sulu Yolma-Makine Kesimi. In: Gimdes Dergisi, Heft: 11, 2011.

Karafî, Abul Abbâs Schahâb ad-Dîn Ahmad bin Idrîs bin Abdirrahîm: Az-Zahîra. Dâr al-Garb al-Islâmî. Beirut, 1994.

http://www.hayrettinkaraman.net/kitap/helalharam/0035.htm, k. A. Stand: Juli 2019.

Karaman, Hayrettin: Günlük Hayatımızda Helâller ve Haramlar. İz Yayınları. Istanbul, 2000.

Karaman, Hayrettin: Helal Gıda Meselesi. http://www.hayrettinkaraman.net/makale/0437.htm, 2009. Stand: Juni 2019.

Karaman, Hayrettin: Gazlı İçecekler (2). http://www.hayrettinkaraman.net/makale/0082.htm, 2006. Stand: Juni 2019.

Karaman, Hayrettin: Kefir. http://www.hayrettinkaraman.net/yazi/hayat2/0088.htm, k. A. Stand: Juli 2019.

Karaman, Hayrettin: Helal Gıda. http://www.hayrettinkaraman.net/makale/0590.htm, 2010 Stand: Juni 2019.

Kâsâni, Abû Bakr Alâ ad-Dîn Abû Bakr bin Mas'ûd bin Ahmad: Badâi as-Sanâî fî Tartîb as-Sanâî. Dâr al-Kutub al-Arabi. Beirut, 1982.

Kocha: Ratgeber – Essigsorten. http://www.kocha.de/ratgeber/essigsorten.php, k. A. Stand: Juni 2019.

Koscher-Germany: Koscher – Informationsblatt für die Europäische Lebensmittelindustrie. http://kosher-germany.com/koshergermany/de/koscher-informationsblatt, k. A. Stand: Juli 2019.

Küçüköner, Erdoğan: Jelatin. http://www.helâlvedogal.com/jelatin/, k. A. Stand: Juni 2019.

Lebensmittelklarheit: Lab in Käse. http://www.lebensmittelklarheit.de/forum/lab-kaese-0, 2016. Stand: Juni 2019.

Lebensmittellexikon, Massholder Frank:

- Emulgator. https://www.lebensmittellexikon.de/e0000270.php, k. A. Stand: Juli 2019.

- Zuckerkulör, Zuckercouleur, E150a. https://www.lebensmittellexikon.de/z0000910.php, k. A. Stand: Juli 2019.

- Aspartam, E951. https://www.lebensmittellexikon.de/a0000400.php, k. A. Stand: Juli 2019.

- Xanthan, E415. https://www.lebensmittellexikon.de/x0000050.php, k. A. Stand: Juni 2019.

- Gummi Arabicum, E414, Gummiarabikum, Akaziengummi. https://www.lebensmittellexikon.de/g0002470.php, k. A. Stand: Juni 2019.

- Glycerin, Glycerol, Glyzerin, E422, Propantriol. https://www.lebensmittellexikon.de/g0002160.php, k. A. Stand: Juni 2019.

- L-Cystein, E920, Cystein. https://www.lebensmittellexikon.de/l0001590.php, k. A. Stand: Juni 2019.

Al-Munadschid, Muhammad Sâlih: Cheeses made with enzymes taken from animals that are not slaughtered Islamically. http://islamqa.info/en/2841, 1998. Stand: Juni 2019.

Muslim, Abûl Husayn Muslim bin Hadschâdsch al-Naysâbûrî: Sahîh Muslim. Dâru Ihyâ at-Turâs al-Arabî, Beirut o. J.

Muttakî, Alâ ad-Dîn Ali bin Husâmuddîn: Kanz al-Ummâl fî Sunan al-Akwâli wal-Ahwâl. Muassasat ar-Risâla, 5. Auflage, 1981.

Nagl.Netzreport: Bereitung von Nährmedien. http://nagl.netzreport.com/dokumente/mila4/05naehrmedien.pdf, k. A. Stand: Juni 2019.

Nasâî, Abû Abdurrahmân Ahmad bin Schuayb: Sunan an-Nasâî. Maktabat al-Matbûat al-Islâmiyya. Halab, 1986.

Nawawî, Abû Zakariyyâ Muhy ad-Dîn Yahyâ bin Scharaf bin Nûrî: al-Madschmu Scharh al-Muhazzab, Dâr al-Fikr. Beirut, 2011.

Nur-Efsan: Branntweinessig. http://www.nur-efsan.de/branntweinessig/, k. A. Stand: Juni 2019.

Nutku, Mustafa: Kola ve Gazlı İçecekler. http://www.kahramanmaras.org/forum/showthread.php?t=119467, 2011. Stand: August 2019.

Ökolandbau: Lab und Labaustausstoffe. https://www.oekolandbau.de/verarbeiter/zutaten/zusatz-und-hilfsstoffe/mikroorganismen/lab-und-labaustauschstoffe/, 2015. Stand: Juni 2019.

Özoğuz, Yavuz: Halal-Speise. m-haditec: 2011.

Özer, Kemal: Lebensmittel „halal“ und „tayyib“. http://www.islamiq.de/2013/09/30/lebensmittel-halal-und-tayyib/, 2013. Stand: Juni 2019.

Peta: Tierische Inhaltsstoffe und ihre Alternativen. http://www.peta.de/inhaltsstoffe#.VJnSM14AA, 2013. Stand: Juni 2019.

Peta: Küken in der Eierindustrie. http://www.peta.de/eier#.V7LmbZiLQ2x, 2015. Stand: Juni 2019.

Peta: Die Qualen der Schweine in deutschen Schlachthöfen. http://www.peta.de/CO2BetaeubungSchweine#.WIKFCvmLQ2w, 2016. Stand: Januar 2020.

Rafîs, Ahmad bin Ahmad: Al-At'imat al-Musanna'at al-Hadîsati bayna at-Ta'sîl as-Schariyyi wa at-Tahlîl al-Ilmiyyi. Unveröffentlichichte Doktorarbeit. Dschâmi'at al-Amîr Abd al-Kâdir. 2009.

Rippegather, Jutta: Streit ums Schächten. Schlachten mit Stoppuhr. http://www.fr-online.de/rhein-main/streit-ums-schaechten-schlachten-mit-stoppuhr,1472796,16779062.html, 2012. Stand: Juli 2016.

Sağlam, Kamil: Kesim Metodları. http://www.helalvedogal.com/kesim-metodlari/, k. A. Stand: Juni 2019.

Sakr, Ahmad; Büyüközer, H. Kâmi: Jelâtin. Gimdes: Istanbul 2011a.

Salvati, Fabiana: Dynamitfischen – Wie mit voller Wucht die Meere zerstört werden. https://www.umweltnetz-schweiz.ch/themen/umweltschutz/2386-dynamitfischen-%E2%80%93-wie-mit-voller-wucht-die-meere-zerst%C3%B6rt-werden.html, 2016. Stand: Februar 2020.

Schirbinî, Schams ad-Dîn Hâtib Muhammad bin Ahmad. Mugnil-Muhtâdsch ila Ma'rifati Maâni el-Fazil-Minhâ. Dâr al-Fikr: Beirut o. J.

Schlachthof transparent: Bolzenschuss. http://www.schlachthof-transparent.org/pages/schlachtprozess/betaeubungsarten/bolzenschuss.php, k. A. Stand: August 2019.

Schulze, W.; Schultze-Petzold, H.; Hazem, AS; Groß, R.: Versuche zur Objektivierung von Schmerz und Bewusstsein bei der konventionellen (Bolzenschussbetäubung) sowie religionsgesetzlichen („Schächtschnitt") Schlachtung von Schaf und Kalb. In: Deutsche Tierärztliche Wochenschrift. 1987.

Sarahsî, Schams al-Aimma Abû Sahl Abû Bakr Muhammad bin Ahmad as-Sarahsî: Kitâb al-Mabsût. Dâr al-Ma'rifa. Beirut/Istanbul, 2008.

Sert, D.; Demirci, T.; Akın, N.: Probiyotik Süt Ürünü Kefir: Besinsel ve Terapötik Özellikleri. In: 1. Ulusal Helal ve Sağlıklı Gıda Kongresi Kitabı. Ankara, 2011.

Sifil, Ebubekir: Gazlı İçecekler, Kefir ve Alkol-2. https://ebubekirsifil.com/gazete-yazilari/gazli-icecekler-kefir-ve-alkol-2/, 2006. Stand: Juni 2019.

Şenol, Yahya, Kur'an Ve Sünnet Işığında Helal Gıda. Süleymaniye Vakfı Yayınları. Istanbul, 2015.

Şimşek, Harun: Gıda Katkı Maddeleri. Fazilet Neşriyat: 2012.

Şimşek, Harun: A'dan Z'ye Hayvansal Kaynaklı Gıda Katkı Maddeleri. Lemi Yayınları. Istanbul, 2012.

Şimşek, Harun: Alkol İçeren Yiyecek ve İçecekler. Lemi Yayınları. Istanbul, 2012a.

Şimşek, Harun: Gıdalarda E-Numaralı Katkılar. Lemi Yayınları. Istanbul, 2015.

Schellack: https://sorularlaislamiyet.com/cesitli-sekerleme-kaplamalarinda-kullanilan-sellak-helal-midir, 2012. Stand: Juni 2019.

Strassburger Filter: Membrananlagen. http://www.strassburger-filter.de/produkte/membrananlagen/, k. A. Stand: Juni 2019.

Tabarânî, Abul Kâsim Sulaymân bin Ahmad bin Ayyûb: Al-Mu'dscham al-kabîr. Maktabat al-Ulûm wa Hikam. 1983.

Tahâwî, Ahmad bin Muhammad bin Salâma bin Abd al-Malik Abû Dscha'far at-Tahâwî, Tahâvî Muhtasarı. Beka Yayıncılık. Istanbul, 2013.

Tahâvî Muhtasari. Beka Yayıncılık. Istanbul, 2013.

Tirmizî, Abû Îsâ Muhammad bin Îsâ: Al-Dschâmi as-sahîh Sunan at-Tirmizî. Dâr Ihyâ at-Turâs al-Arabî. Beirut, o. J.

Usmanî, Muhammad Taqi: The Islamic Laws Of Animal Slaughter. White Thread Press. Kalfornien, 2006.

Verbraucherzentrale: Mehlbehandlungsmittel. http://www.lebensmittelklarheit.de/forum/mehlbehandlungsmittel, 2015. Stand: Juni 2019.

Wilms, S.; Khan, M.; Özkan, M.: Themenschwerpunkt: „halal" - Bisher dient das Gewerbe vor allem dem Interesse der Industriellen Produktion. http://www.islamische-zeitung.de/themenschwerpunkt-halal-bisher-dient-das-gewerbe-vor-allem-dem-interesse-der-industriellen-produktion-von-s-wilms-m-khan-m-oezkan/, 2014. Stand: August 2019.

Yaman, Ahmet: Hayvan Kesiminin Fıkhî Boyutu. In: Diyanet Aylık Dergisi, Heft: 251, 2011.

Yaman, Ahmet: Hayvan Kesim Yöntemleri ve Fikhî Hükümleri. In: IV. Güncel Dini Meseleler İstişare Toplantısı „Helal Gıda". Afyon, 2011a.

Yetim, Hasan: Jelatin Üretimi, Özellikleri ve Kullanımı. In: 1. Ulusal Helâl ve Sağlıklı Gıda Kongresi Kitabı. Ankara, 2011.

Yılmaz, Nuray: Kur'ân-ı Kerim'de Haram Hükümlerin Ortaya Çıkışı ve Konuları. Masterarbeit. Istanbul, 2012.

Zaylaî, Fahr ad-Dîn Usmân bin Ali: Tabyîn al-Hakâik scharhu Kanz ad-Dakâik: Dâr al-Kutub al-Islâmî. Kairo, 1313.

Zuhaylî, Wahba: Al-Fikh al-Islamî wa Edillatuhû. Dâr al-Fikr. Damaskus, 1985.

Zuhaylî, Wahba: Ahkâm al-Mawâddin-Nadschîsati wal-Muharramati fil-Gizâi wad-Dawâi. Dâr al-Maktabî. Damaskus, 1997.

Zusatzstoffe-online:

- E410 Johannisbrotkernmehl. http://www.zusatzstoffe-online.de/zusatzstoffe/148.e410_johannisbrotkernmehl.html, 2013. Stand: Juni 2019.

- E322 Lecithin. http://www.zusatzstoffe-online.de/zusatzstoffe/109.e322_lecithin.html, 2013a. Stand: Juli 2019.

- E412 Guarkernmehl: http://www.zusatzstoffe-online.de/zusatzstoffe/149.e412_guarkernmehl.html, 2011. Stand: Juni 2019.

- E621 Mononatriumglutamat. http://www.zusatzstoffe-online.de/zusatzstoffe/253.e621_mononatriumglutamat.html, 2011a. Stand: Juli 2019.

- E406 Agar-Agar. http://www.zusatzstoffe-online.de/zusatzstoffe/146.e406_agar.html, 2011b. Stand: Juni 2019.

- E120 Karmin. http://www.zusatzstoffe-online.de/zusatzstoffe/11.e120_echtes_karmin.html, 2010. Stand: Juni 2019.